1868（明治元）年～1942（昭和17）年

時代	年	くらしと道具	おもなできごと
明治	38 1905	東京のデパートではじめて福引きがおこなわれる	日露戦争が終わる
	39 1906	アメリカで世界初のラジオ放送がおこなわれる	
	40 1907	国産のガソリン自動車が登場／国産の蓄音機が登場／国産の懐中電灯が登場／亀の子たわしが登場	
	41 1908	氷冷蔵庫が登場／赤い郵便ポストが登場	青函連絡船が青森と函館（北海道）をむすぶ
	42 1909	森林鉄道が青森県の津軽半島に登場	伊藤博文が暗殺される
	43 1910	ガス風呂が登場	日本が朝鮮半島を領土とする
	44 1911	ドイツから消防ポンプ車が輸入される	ノルウェーの探検家・アムンセンが南極点に到達
大正	45 元 1912	特急列車が登場／ドイツ製の電気機関車が輸入される	イギリスの客船・タイタニック号が沈没する
	2 1913	国産の腕時計が登場	
	3 1914	日本初のエスカレーターが東京に登場	第一次世界大戦がはじまる／桜島が大噴火する
	4 1915	国産の電気アイロンが登場／国産の電気ストーブが登場／国産のシャープペンシルが開発される	
	5 1916		夏目漱石がなくなる
	6 1917	国産の育児用粉ミルクが登場	
	7 1918	赤バイ（のちの白バイ）が登場	米騒動がおこる
	8 1919	信号機が東京に登場／国産の本格的なレジスターが登場	第一次世界大戦が終わる
	9 1920	このころチェーンソーが輸入される／女性車掌（バスガール）が登場	国際連盟ができる
	10 1921	国産のミシンが登場	原敬首相が暗殺される
	11 1922	栄養菓子「グリコ」が売りだされる	
	12 1923	ハクキンカイロが登場／セメダインが登場	関東大震災がおこる
	13 1924	東京市営のバスが登場／国産の電気機関車が登場	
	14 1925	鉱石ラジオが登場／つや消し電球がつくられる	ラジオ放送がはじまる
昭和	15 元 1926	ダイヤル式の電話が登場／国産のディーゼル船が登場／国産のシャンプーが登場	高柳健次郎がテレビの実験に成功
	2 1927	地下鉄が東京に登場	アメリカのパイロット、リンドバーグが大西洋横断飛行に成功
	3 1928	ロボット「学天則」が登場	国民健康体操（今のラジオ体操）の放送がはじまる
	4 1929	国産の足踏み式ミシンが登場／ドイツからディーゼル機関車が輸入される	世界恐慌がおこる
	5 1930	国産の電気洗濯機が登場／国産の電気冷蔵庫が登場／入浴剤が登場	第1回ワールドカップがウルグアイでひらかれる
	6 1931	国産の電気掃除機が登場／国産の耕うん機が登場	満州事変がおこる
	7 1932	国が給食費を補助するようになる	日本が中国東北部に満州国を建国する
	8 1933	救急車が登場／黒電話が登場	日本が国際連盟を脱退する／三陸沖地震がおこる
	9 1934	押ボタン式信号機が登場／東京市で尿尿のくみとりがはじまる	
	10 1935	D51形蒸気機関車が登場／小学校でそろばんを教えるようになる	芥川賞・直木賞ができる
	11 1936	白バイが登場／ドイツでヘリコプターが開発される	プロ野球リーグがスタートする
	12 1937	ドイツの飛行船・ヒンデンブルク号が爆発事故	日中戦争がおこる
	13 1938	木炭バスが登場／ナイロン毛の歯ブラシがアメリカで登場	
	14 1939	国産のテレビが開発される	第二次世界大戦がおこる
	15 1940	国産の蛍光灯が登場／国産のカラーフィルムが登場	国民服が定められる
	16 1941	国産の消防車が登場	太平洋戦争がおこる
	17 1942	塩が配給制になる	「欲しがりません勝つまでは」の標語が登場

昔の道具 うつりかわり事典

監修：三浦基弘

小峰書店

もくじ

- この本の見方 ……………………… 4
- 時代のうつりかわり ……………… 6
- くらしのうつりかわり …………… 8
- くらしを大きくかえたのは? …… 10

家や学校の道具 …… 11

食事

- ご飯をたく道具 ………………… 12
- 食べ物を煮る道具 ……………… 14
- お湯をわかす道具 ……………… 16
- 魚を焼く道具 …………………… 18
- 蒸す・あたためる道具 ………… 20
- 食べ物を冷やす道具 …………… 22
- 食べ物を切る道具 ……………… 24
- 食器をあらう道具 ……………… 26
- 食卓 ……………………………… 28
- 食べ物を保存する道具 ………… 30
- 飲み物を入れる道具 …………… 32
- 水筒 ……………………………… 34
- 弁当箱 …………………………… 36
- 給食とその道具 ………………… 38
- しゃもじとお玉 ………………… 40

衣・住生活

- 水道 ……………………………… 42
- あかり …………………………… 44
- 移動用のあかり ………………… 46
- アイロン ………………………… 48
- ミシン …………………………… 50
- 洗濯をする道具 ………………… 52
- 掃除をする道具 ………………… 54
- 風呂 ……………………………… 56
- からだをあらう道具 …………… 58
- トイレ …………………………… 60
- 夏をすずしくする道具 ………… 62
- 部屋をあたためる道具 ………… 64
- 懐炉 ……………………………… 66
- 寝るときの道具 ………………… 68
- かさ ……………………………… 70
- 体温計 …………………………… 72
- 体重計 …………………………… 74
- 歯ブラシ ………………………… 76
- 子ども用のくつ ………………… 78

学習・遊び

- カメラ …………………………… 80
- ビデオカメラ …………………… 82
- 音楽を楽しむ道具 ……………… 84
- 計算機 …………………………… 86

腕時計 …………………… 88	トラック …………………… 130
かくもののいろいろ ……… 90	飛行機 ……………………… 132
のり・接着剤 ……………… 92	船 …………………………… 134

社会・産業

えんぴつをけずる道具 …… 94	消防自動車 ………………… 136
学校の机といす …………… 96	白バイ・パトカー ………… 138
黒板 ………………………… 98	街灯 ………………………… 140
遊び道具① ………………… 100	ごみ箱 ……………………… 142
遊び道具② ………………… 102	買い物の袋 ………………… 144
古くなった道具は? ……… 104	レジスター ………………… 146
	飲み物の自動販売機 ……… 148

まちや仕事の道具　105

	田畑をたがやす道具 ……… 150
	田植えの道具 ……………… 152

交通・通信

郵便ポスト ………………… 106	米の収穫・脱穀の道具 …… 154
電話 ………………………… 108	漁船 ………………………… 156
ラジオ ……………………… 110	木を切る道具 ……………… 158
テレビ ……………………… 112	木材を運びだす道具 ……… 160
自転車 ……………………… 114	建設機械 …………………… 162
自動車 ……………………… 116	人工衛星 …………………… 164
機関車 ……………………… 118	宇宙船 ……………………… 166
電車 ………………………… 120	ロボット …………………… 168
特急・新幹線 ……………… 122	重さや長さの単位 ………… 170
きっぷと改札 ……………… 124	さくいん …………………… 172
道路の信号機 ……………… 126	
バス ………………………… 128	

この本の見方

調べたい道具のページを開いたら、まず写真を見てみましょう。大きな流れがわかるでしょう。それから、その道具がいつごろ、どんな特長を持って出てきたかを読んでください。

タイトルと年表を見ると、道具の種類といつごろのものかがわかるのね。

写真を見れば、道具のうつりかわりがわかるね。

そう、それに、その道具にどんな感想をもったかもね。

解説は使い方などを紹介しているところだ。宿題をまとめるのに役立つよ。

タイトルと年表

道具の大まかな分類 ／ いつごろからいつごろまで使われていたかの目安

ご飯をたく道具

|1912年|1920|1926年|1930|1940|1950|
|明治時代|大正時代|昭和時代|太平洋戦争|高度経済成長|

羽釜とかまど

羽釜は今でも売られているわよ。かまどでたくご飯はやっぱりおいしいからね。

1955年 電気自動炊飯器登場 ★
1957年 ガス自動炊飯器登場 ★
1960年 保温式炊飯器登場

写真と感想

羽釜とかまどでたいていた

ふた
ふきこぼれないように重い木でできている

つば
かまどにしっかりとのるようにでっぱっている

羽釜

かまど

自動でたけるようになった

スイッチ

電気自動炊飯器

ガス自動炊飯器

手間はかかったけど、とてもおいしくたけたんじゃ。底のほうにできるおこげもおいしかったぞ。

つきっきりでなくても、たけるようになったのよ。うれしかったわ。

解説

- かまどに火をおこして薪を燃やし、羽釜をかけてたいた。
- 「はじめチョロチョロ、なかパッパ、赤子(赤ちゃん)泣いてもふたとるな」ということから、こまめに火かげんを調節しなければならなかった。

- 電気やガスの熱でたくしくみの釜。といだ米と水を入れ、スイッチをおすだけで、あとは自動でたけるようになった。
- 電気自動炊飯器は1955(昭和30)年に売りだされ、10年後には、半分以上の家庭で使われるようになった。

8月8日は「米の日」。「米」という字を分解すると「八十八」になることから、この日になった。

豆知識コーナー

豆知識のコーナーを見ると、話題が豊富になるわね。

オホン、わしは道具博士じゃ。この本では、ひいおじいさんやひいおばあさんの時代から今まで、120年ほどのあいだに、道具がどんなふうにうつりかわってきたのか、お話しするよ。じゃが、その前に、この本の見方を読んでおくれ。

その道具についての年表

★……その年におこったことがら
★……その年ごろにおこったことがら

! この本の登場メンバー紹介

今はいつでも気軽にほかほかのご飯が食べられる。でも、昔はご飯をたくのもひと苦労。燃料の薪を自分で運び、かまどに火をおこして羽釜をかけ、つきっきりで火かげんを見ていた。「ご飯がうまくたければ一人前」といわれたものだった。

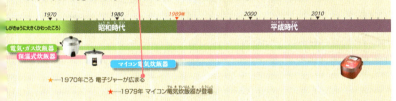

★……1970年ごろ 電子ジャーが広まる
★……1979年 マイコン電気炊飯器が登場

いつでもあたたかく食べられる

保温スイッチ

保温式炊飯器

便利になったもんだよ。それまで、冷たくなったご飯はそのまま食べたり、お湯をかけて食べたりしていたんだから。

● 炊飯器に、ご飯をあたたかいまま保温できる機能がついた。その後、さらにおいしく保温できる電子ジャーもできた。
● それまでは、たいたご飯は飯びつや、保温用ジャーにうつしてとっておいた。

飯びつ

好みにあわせてたける

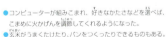

今の電気炊飯器

コンピューターのおかげで、かたくもやわらかくもたけるのよ。おこげまでつくれるんだって。

● コンピューターが組みこまれ、好きなかたさなどを選べば、こまめに火かげんを調節してくれるようになった。
● 玄米がうまくたけたり、パンをつくったりできるものもある。
● ご飯を中心とする和食は、2013（平成25）年、ユネスコの世界「無形文化遺産」に登録された。

道具博士

いつ生まれたか不明。遠い昔からの道具を知っている。

曾祖父母

ひいおじいさん　ひいおばあさん

明治・大正時代生まれ。太平洋戦争中のことも知っている。

祖父母

おじいさん　おばあさん

太平洋戦争後に生まれて、高度経済成長期に育った。

父母

お父さん　お母さん

高度経済成長期後に生まれ、コンピューターが広まった時代に育つ。

それでは、道具博士、道具のうつりかわりのたんけんにつれてって。

では、ご案内しましょう。

時代のうつりかわり

明治・大正時代
（1868〜1912年）（1912〜1926年）

昭和の前半の時代
（1926〜1945年）

赤レンガに、人力車。着物を着ている人もいるね。海にある船は戦艦かな？ 煙突から黒い煙が出ているね。

明治・大正時代は、ヨーロッパやアメリカに追いつこうとがんばった時代じゃよ。ひと言でいえば、「富国強兵」じゃな。

ひいおばあさんは、戦争でまちが焼け野原になって、着る物も食べる物もなくて、みんなこまったっていってたわ。

都市を中心に電気やガス、水道が通ってゆたかになった。いっぽう戦争が長くつづき、ついには「ほしがりません勝つまでは」の時代になったんじゃな。

- この時代に、ヨーロッパやアメリカ（まとめて欧米ともいう）の国々との交流がはじまった。
- 「富国強兵」は、欧米を見ならって、産業をおこして、国をゆたかにし、強い軍隊をつくるのを目標にした言葉。
- 1923（大正12）年には、関東大震災がおこり、東京を中心に被害があった。この震災は、電気やバス・トラックが広まり、またラジオ放送が早められるきっかけになった。

- 1937（昭和12）年にはじまった中国との戦争は、1941（昭和16）年には、アメリカやイギリスも相手にした戦争（太平洋戦争）になり、1945（昭和20）年に広島・長崎に原爆が落とされ、敗戦をむかえるまでつづいた。
- 「ほしがりません勝つまでは」とか「ぜいたくは敵だ」というスローガンがさけばれ、戦争に役だたないものはあまりつくられなくなり、服や日用品も少なくなった。

この本では、今までのおよそ120年ほどの間に、おもな道具がどのようにうつりかわったかを説明します。この120年間に時代は、明治・大正・昭和・平成とかわりました。どう時代がかわったか、ながめてみましょう。

昭和の後半の時代
（1945〜1989年）

平成時代
（1989年〜）

おじいさんから聞いたけど、東京オリンピックはカラーテレビで見たんだってね。

こんどは、わしが質問する番じゃ。今はどんな時代じゃ？

発明者がノーベル賞をとった「LED」の時代かな？

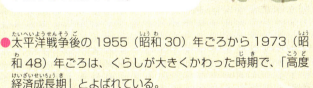
そうじゃ。戦争が終わってしばらくすると、日本は「高度経済成長」の時期をむかえたんじゃ。「大量生産・大量消費・大量廃棄」の時代がはじまったんじゃな。

ぼくは、ロボットの時代だと思うよ。

- 太平洋戦争後の1955（昭和30）年ごろから1973（昭和48）年ごろは、くらしが大きくかわった時期で、「高度経済成長期」とよばれている。
- 高度経済成長期には、東京オリンピックがひらかれ、新幹線ができ、洗濯機や冷蔵庫、テレビが広まり、自動車を持つ家もふえてきた。
- ごみ問題や公害、そして地球全体にわたる環境問題がおこりはじめた時代でもあった。

- 1995（平成7）年に阪神・淡路大震災、2011（平成23）年に東日本大震災がおこり、それまでのくらしを見なおす取りくみが進められている。
- 世界中で「省エネ・省資源」に関心が集まり、LED電球のような省エネで長もちする製品の開発がすすめられている。
- ロボットが次々と開発され、危険な作業や災害用に加え、介護や心をいやすロボットなどが出てきている。

くらしのうつりかわり

昔

高度経済成長期ごろ

上の3枚の絵をそれぞれ見て、どこがちがうかくらべてみよう。
家のつくり、床のようす、着ている物、そして道具のちがいに注目して、さがしてみよう。

昔にあったものは、いろりとかまどね。それに井戸かな。
お風呂の煙突も今はあまり見ないな。

昔になかったのは、冷蔵庫、テレビ、洗濯機かな。あ！　シャワーもないね。

くらしが大きくどうかわったか、流れをわかりやすくするために、3つに分けてみた。昔とくらしが大きくかわったのは、おじいさんやおばあさんが子どものころで、その時代を高度経済成長期（1955年ごろから1973年ごろ）というよ。

今

高度経済成長期のころは、洗濯機や冷蔵庫、掃除機など、毎年のように新型が出てきたわ。

昔にくらべ、洗濯も、掃除も楽になったわ。

今も、毎年新しく、高性能で省エネの製品が出てくる。これからもくふうは進みつづけていくだろうね。

いすに水洗トイレ、ベッドで眠りたいなんて思ったよ。

くらしを大きくかえたのは？

昔と今のくらしをもう一度見てみよう。いちばんのちがいはなんだと思うかな？

それなら、今はあって昔はない、冷蔵庫、テレビ、洗濯機じゃないの。

昔あった、いろりやかまどは、どうなったの？

そうじゃ、冷蔵庫もテレビも洗濯機もみな電気で動くじゃろ。いろりやかまどの役割だった煮たきや暖房は、コンロや炊飯器、エアコンにかわったんだ。みなガスや電気で動くんじゃよ。

薪・炭・石炭からガス・電気・石油へ　これがくらしをかえた

薪

炭

どちらも元は身近にはえている木

→

電気／ガス

どちらも、管や線を通して送られてくる

ご飯をたく道具

| 明治時代 | 大正時代 | 昭和時代 | 太平洋戦争 | 高度経済成長期 |

1912年　1920　1926年　1930　1940　1950　19

羽釜とかまど

羽釜は今でも売られているわよ。かまどでたくご飯はやっぱりおいしいからね。

1955年　電気自動炊飯器登場……★
1957年　ガス自動炊飯器登場……★
1960年　保温式炊飯器登場……★

羽釜とかまどでたいていた

ふた
ふきこぼれないように重い木でできている

つば
かまどにしっかりとのるようにでっぱっている

羽釜

手間はかかったけど、とてもおいしくたけたんじゃ。底のほうにできるおこげもおいしかったぞ。

かまど

- かまどに火をおこして薪を燃やし、羽釜をかけてたいた。
- 「はじめチョロチョロ、なかパッパ、赤子(赤ちゃん)泣いてもふたとるな」というくらい、こまめに火かげんを調節しなければならなかった。

自動でたけるようになった

スイッチ

電気自動炊飯器

ガス自動炊飯器

つきっきりでなくても、たけるようになったのよ。うれしかったわ。

- 電気やガスの熱でたくしくみの釜。といだ米と水を入れ、スイッチをおすだけで、あとは自動でたけるようになった。
- 電気自動炊飯器は1955(昭和30)年に売りだされ、10年後には、半分以上の家庭で使われるようになった。

12　　8月8日は「米の日」。「米」という字を分解すると「八十八」になることから、この日になった。

今はいつでも気軽にほかほかのご飯が食べられる。でも、昔はご飯をたくのもひと苦労。燃料の薪を自分で運び、かまどに火をおこして羽釜をかけ、つきっきりで火かげんを見ていた。「ご飯がうまくたければ一人前」といわれたものだった。

	1970	1980	1989年	2000	2010
(くらしがきゅうに大きくかわったころ)		昭和時代		平成時代	

電気・ガス炊飯器
保温式炊飯器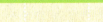
マイコン電気炊飯器

★……1970年ごろ 電子ジャーが広まる
★……1979年 マイコン電気炊飯器が登場

いつでもあたたかく食べられる

好みにあわせてたける

保温スイッチ

保温式炊飯器

今の電気炊飯器

便利になったもんだよ。それまで、冷たくなったご飯はそのまま食べたり、お湯をかけて食べたりしていたんだから。

コンピューターのおかげで、かたくもやわらかくもたけるのよ。おこげまでつくれるんだって。

- 炊飯器に、ご飯をあたたかいまま保温できる機能がついた。その後、さらにおいしく保温できる電子ジャーもできた。
- それまでは、たいたご飯は飯びつや、保温用ジャーにうつしてとっておいた。

飯びつ

- コンピューターが組みこまれ、好きなかたさなどを選べば、こまめに火かげんを調節してくれるようになった。
- 玄米がうまくたけたり、パンをつくったりできるものもある。
- ご飯を中心とする和食は、2013（平成25）年、ユネスコの世界「無形文化遺産」に登録された。

食べ物を煮る道具

| 明治時代 | 大正時代 | 昭和時代 | 太平洋戦争 | 高度経済成長期 |

1912年　1920　1926年　1930　1940　1950　19

- 鉄鍋・土鍋など
- アルミニウムの鍋

- 1898年　アルミニウム製の鍋が売りだされる
- ★……1904年　ガスコンロが登場
- ★……明治時代の終わりごろ　フライパンが広まりはじめる
- ★……1938年　アメリカで家庭用の圧力鍋が登場
- 1955年ごろ　中華鍋が家庭で使われはじめる……★
- ★……1932年ごろ　アルマイト加工の製品が登場

いろりにかけて煮ていた

自在かぎ

鉄鍋といろり

土鍋

鍋しき

五徳

昔の鍋は底が丸いわね。いろりの熱がいきわたりやすい形だったのよ。

アルミニウムの鍋が登場

アルマイト加工の鍋

軽くて持ちはこびやすく、熱も伝わりやすい。今でもふつうに使われているんじゃ。

- ●いろりは床を切って灰をしき、その上で薪や炭を燃やす。
- ●鉄鍋はいろりにつるされた自在かぎにかけて煮ていた。
- ●土鍋は陶器の鍋。いろりに五徳という台をおいて火にかけた。
- ●いろりからおろした鍋は、鍋しきの上においた。
- ●鉄鍋はこわれると、修理して長く使った。

- ●アルマイト加工は、アルミニウムの表面をさびにくくする技術。1929（昭和4）年に日本で開発された。
- ●七輪（→18ページ）や、同じころ使われはじめたガスコンロ（→19ページ）にもかけられるように底が平らになった。
- ●工場で一度にたくさんつくれたので、値段が安くなった。

鍋ははるか昔から使われてきた。食べ物を入れて火にかける単純な道具だけど、より早く煮えるように、こげつかないようにと、くふうされてきた。今はふつうの鍋のほか、中華鍋や圧力鍋など、さまざまな鍋が使われている。

| 1970 | 1980 | 1989年 | 2000 | 2010 |

（くらしがきゅうに大きくかわったころ）　昭和時代　｜　平成時代

こげつかない鍋

……1961年 こげつかないフッ素樹脂加工の鍋がアメリカで登場
★……1965年 国産のフッ素樹脂加工の鍋が登場

こげつかない鍋が登場

フッ素樹脂加工の鍋

昔からある、ほうろうびきの鍋も、こげつかないくふうがされたものよ。

- 内側に、ものがくっつきにくいフッ素樹脂をぬった鍋。アメリカで開発され、日本でも広く使われている。
- 食べ物がこびりついたり、こげついたりしにくくなり、鍋をあらうのが楽になった。

こんな道具も使われているね

- フライパンも鍋のなかま。明治時代にヨーロッパから洋食とともに入ってきて、おもにレストランで使われた。オムレツやカツレツの味をみんなが知るようになって、多くの家庭に広まった。
　もともと日本では、油を使う料理は多くなかった。フライパンが広まったことで、家庭料理のメニューにハンバーグやステーキなども加わった。
- 中華鍋は中国料理をつくるのに使う鍋。煮る、焼く、炒める、揚げるなど、いろいろなことができる。
- 圧力鍋は、ふつうの鍋よりも高い温度で煮ることができる鍋。肉のかたまりや、魚をまるごと短い時間でやわらかく煮ることができる。

フライパン

中華鍋

圧力鍋

お湯をわかす道具

| 明治時代 | 1912年 大正時代 | 1926年 | 1930 昭和時代 | 1940 太平洋戦争 | 1950 高度経済成長期 | 19 |

鉄瓶

アルミのやかん

- ★……1904年ごろ ガスコンロが登場
- ★……1910年ごろ アルミニウム製のやかんが登場
- ★……1912年 国産の魔法びんが登場
- ★……1957年 電気でお湯をわかすポットが登場
- ★……1932年ごろ アルマイト加工のやかんが広がりだす

重たい鉄瓶を使っていた

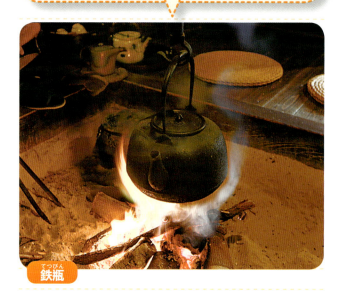

鉄瓶

いろりや火鉢の火にかけてお湯をわかすのは、ちょっとした手間だったんじゃ。

- ●鉄瓶は鉄でできていて、ずっしりと重かった。
- ●手入れをよくしないと、さびてしまうこともあった。
- ●鉄瓶や鉄鍋（→14ページ）、羽釜（→12ページ）といった鉄製の道具は、昔は貴重な財産だった。こわれたら、いかけ屋という専門の職人に修理してもらって使っていた。

アルミニウム製のやかんが登場

アルマイト加工のやかん

ガスコンロ

軽くて、鉄よりも熱が伝わりやすいので、お湯が早くわくようになったんだ。

- ●鉄瓶より軽く、持ちはこびやすくなった。
- ●アルマイト加工はアルミニウムをさびにくくする技術（→14ページ）。
- ●アルマイト加工のやかんが登場したのと同じころに、ガスが家庭にも広まりはじめ、ガスコンロが使われはじめた。

16　やかんは漢字では「薬罐・薬缶」と書く。もともとは薬草を煮出すときに使われ、700年以上前に中国から伝わった。

今は飲みたいときにすぐに、お湯を使うことができるね。スイッチひとつでお湯がわき、保温しておくこともできる。でも、ずっと昔は薪や炭を燃やして、鉄瓶ややかんを火にかけてわかしていた。

| 1970 | 1980 | 1989年 | 2000 | 2010 |

（くらしがきゅうに大きくかわったころ）　昭和時代　　平成時代

電気ポット

保温機能つき電気ポット

★……1979年 保温機能つき電気ポットが登場

電気でわかせるポットが登場

電気ポット

火にかけなくていいから、手軽にお湯がわかせるようになったのよ。

- コンセントにさしこめば、電気でお湯がわく道具。
- 台所でなくても、コンセントがあれば、居間のテーブルの上でもわかせるようになった。
- 保温はできないので、お湯はそのつどわかすか、魔法びんに入れて保温していた。

電気でわかして保温もできる

保温機能つき電気ポット

電気ケトル

いつでもお茶が飲めるし、赤ちゃんのミルクをつくったりするのにも、とても便利なのよね。

- 電気ポットに保温機能がついた。今は好みの温度でわかしたり、保温したりもできる。
- 電子ケトルは少ない量のお湯をすばやくわかす道具。コップ1ぱいほどの水なら、1分くらいでわく。
- どちらも水がなくなると、安全のためにスイッチが切れる。

魚を焼く道具

| 明治時代 | 大正時代 | 昭和時代 | 太平洋戦争 | 高度経済成長期 |

1912年　1920　1926年　1930　1940　1950

いろり・七輪

ガスコンロなど

★……1904年ごろ ガスコンロが登場

1951年 グリルつきガスコンロが登場……★
1959年 フィッシュロースターが登場……★

薪や炭で焼いていた

いろり

網
送風口
うちわで風を送る
七輪

魚を焼くコツは「強火の遠火」といわれておる。いろりがまさにそれなんじゃ。

七輪で焼くと、魚の脂が炭火に落ちて、煙がもうもうと出たんだ。でも、ほんとうにうまかったぞ。

- いろりは、魚を焼くだけでなく、鍋をかけたりもした（→14ページ）。夜にはあかりとなり、冬には暖房器具ともなった（→64ページ）。
- 上の写真のように火のまわりにならべて焼くと、魚の脂が火に落ちることがないので、そんなに煙は出なかった。

- 七輪は、中に炭火を入れて網をおき、魚などを焼く道具。いろりのない、まち中の家で使うのに便利だった。
- 煙がたくさん出るため、家の外に持ちだして使っていた。
- 火を大きくしたいときは送風口を開け、小さくしたいときはとじた。

18

昔は秋になると、どこからともなくサンマを焼く煙がただよってきた。魚を焼く道具は、炭や薪を使うものからガスコンロにうつりかわり、今は専用のグリルやロースターになった。それとともに煙もほとんど出なくなった。

| 1970 | 1980 | 1989年 | 2000 | 2010 |

（くらしがきゅうに大きくかわったころ）｜昭和時代｜平成時代

グリルつきガスコンロなど

★……1970年 両面焼きグリルつきガスコンロが登場

★……1991年 電気式の両面焼きフィッシュロースターが登場

ガスで焼くようになった

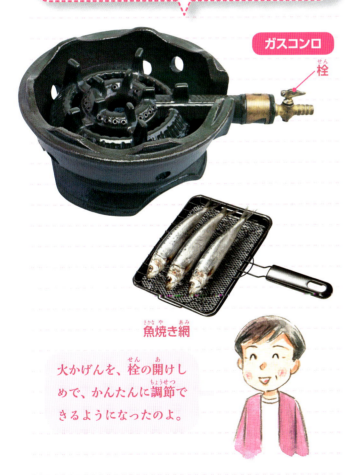

ガスコンロ / 栓 / 魚焼き網

火かげんを、栓の開けしめで、かんたんに調節できるようになったのよ。

- 煮たきに使うガスコンロで、網で魚を焼くようになった。
- ガスコンロは、昭和時代のはじめごろから広まりはじめた。都市を中心に、アパートや文化住宅とよばれる、洋風の部屋がある家が建てられ、そこにガスがひかれたからだ。

専用のグリルで焼くようになった

グリルつきガスコンロ / フィッシュロースター

今は火の強さもかんたんに調節できるし、煙やにおいも出ないのよね。

- グリルつきガスコンロは、煮たき用のコンロに魚を焼くグリルがついた道具。魚をひっくりかえさなくても、両面が焼けるグリルも売りだされた。
- フィッシュロースターは、電気の熱で魚を焼く道具で、今は両面焼きができるものもある。

蒸す・あたためる道具

明治時代	大正時代	昭和時代	太平洋戦争	高度経済成長期
1912年	1920　1926年	1930　　　1940		1950　　19

木のせいろう

金属のせいろう

こんなふうに羽釜の上において使ったのね。

★……1932年ごろ アルマイト加工のせいろうが広まりだす

木のせいろうで蒸していた

ふた　　せいろう

竹簀
このすきまから羽釜の蒸気が上がってくる

いもやまんじゅうをふかしたり、もちをつくるときのもち米を蒸したりしていたんじゃ。

- 食べ物を蒸したり、ふかしたりする道具。水をはった羽釜（→12ページ）をかまどにかけ、その上において使う。
- 羽釜から上がってくる蒸気が竹簀のすきまを通り、食べ物があたためられる。

金属でできたせいろうが登場

鍋
ここに水を入れて火にかける

アルマイト加工のせいろう
（今のもの。アルマイト加工→14ページ）

直接、火にかけられるようになったのよ。

- しくみは木のせいろうと同じだが、水をはるための鍋が下についているので、羽釜がいらなくなった。
- アルミニウムやステンレスでできているので、軽くてじょうぶで、木のせいろうよりも持ちはこびやすい。

📖 せいろうは漢字では「蒸籠」と書く。意味は蒸すための籠だ。「せいろ」は「せいろう」がなまったもの。

せいろうを知っているかな？　今も和菓子などを蒸すのに使われる。昔はこのせいろうを使って、蒸気で食べ物をあたためた。今は食べ物をあたためるときは電子レンジで「チン」するようになったね。

	1970	1980	1989年	2000	2010
（くらしがきゅうに大きくかわったころ）	昭和時代			平成時代	

電子レンジ

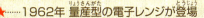オーブンレンジ

★……1962年 量産型の電子レンジが登場

★……1977年 オーブンレンジが登場

電子レンジが登場

焼くこともできるようになった

登場したころの電子レンジ

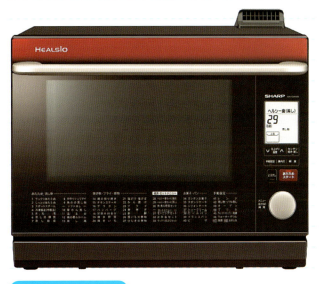

今のオーブンレンジ

電子レンジがあれば、夜おそく帰ってきても、すぐにあたたかいご飯が食べられる。便利なものだよね。

お料理をしたり、残り物や冷凍食品をあたためたり……。使わない日はないわね。

- 電気で食べ物をあたためる道具。
- 最初のころは値段が高かったが、さめてしまったものを、短い時間で手軽にあたためられる便利さが知られ、値段も安くなったことで広まった。

- オーブンレンジは、あたためるだけでなく、食べ物を焼くこともできる。今は蒸したり、煮たりすることもできるようになっている。
- 料理や食べ物によって、あたため方をかえたり、よぶんな油を落としたりできるものもある。

食べ物を冷やす道具

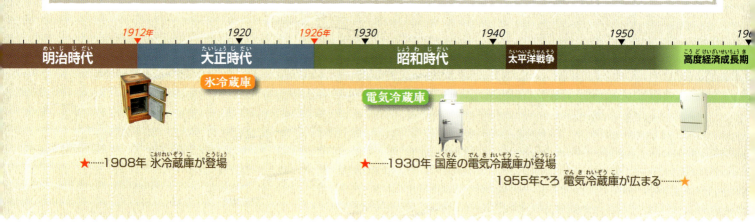

★……1908年 氷冷蔵庫が登場
★……1930年 国産の電気冷蔵庫が登場
1955年ごろ 電気冷蔵庫が広まる……★

氷で冷やしていた

- 氷を入れる部屋
- 金属がはってある
- 食べ物を入れる部屋

氷冷蔵庫

夏に、お母さんから氷のかけらをもらうのが、楽しみじゃったのう。

- 上の部屋に氷を入れて、下がってくる冷気で冷やした。
- 大きな氷のかたまりを、氷屋にとどけてもらって使っていた。氷屋のある都会から広まった。
- おもに使ったのは夏で、冬はあまり使っていなかった。

電気で冷やすようになった

国産初の電気冷蔵庫

- 冷却装置

電気冷蔵庫
（広まったころのもの）

はじめは家が1けん、買えるほどの値段だったんだよ。

- 国産初の電気冷蔵庫は、たいへん値段が高く、はじめはごく一部の家やレストランにしかおかれなかった。
- 1955（昭和30）年ごろから、ふつうの家に広まりはじめた。
- 1ドアで、氷をつくる製氷室のあるものもあった。

冷蔵庫は、今はたいていの家にあるけれど、昔はちがった。冷蔵庫が広まるまでは、買った食べ物は、その日のうちに食べてしまうことがほとんどだった。どこの家にもおかれるようになったのは、ここ40年ほどのことだ。

- 1961年 フリーザーつき冷蔵庫が登場
- ★ 1963年 2ドア式冷蔵庫が登場
- ★ 1967年ごろから 冷凍食品が広まりはじめる
- ★ 1983年 冷蔵庫の普及率が98.9パーセントに

冷凍室が分かれた

2ドア式冷蔵庫

氷をつくったり、アイスクリームをしまっておく冷凍室が分かれたのね。

- 2ドア式冷蔵庫が登場したころ、ふたがぴったりしまるプラスチックの容器も出まわりはじめた（→30ページ）。あまったおかずなどを入れ、冷蔵庫で保存しやすくなった。
- 同じころ、いろいろな冷凍食品も売りだされはじめた。

コンピューターがついて多機能に

今の冷蔵庫

まとめて買った食べ物を、新鮮なまま保存できるようになったのよ。

- 野菜専用の部屋や、肉・魚専用の部屋もついた。新鮮さをたもつため、中の温度をコンピューターが調節している。
- 冷蔵庫を使って、ひとりぐらしの人が元気かどうかを知らせるしくみも研究されている。冷蔵庫のドアが開けしめされているかどうかを、インターネットを通じて伝える。

食べ物を切る道具

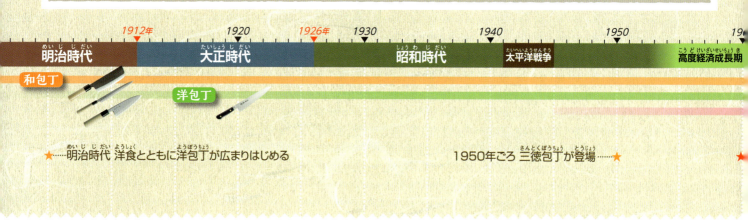

| 明治時代 | 大正時代 | 昭和時代 | 太平洋戦争 | 高度経済成長期 |

1912年 / 1920 / 1926年 / 1930 / 1940 / 1950

和包丁 ／ 洋包丁

★……明治時代 洋食とともに洋包丁が広まりはじめる　　1950年ごろ 三徳包丁が登場……★

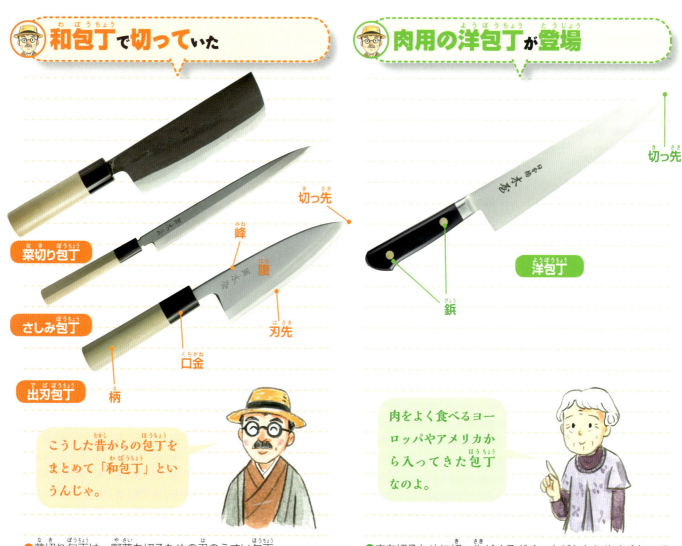

和包丁で切っていた

- 菜切り包丁
- さしみ包丁
- 出刃包丁

（切っ先・峰・腹・刃先・口金・柄）

こうした昔からの包丁をまとめて「和包丁」というんじゃ。

- 菜切り包丁は、野菜を切るための刃のうすい包丁。
- さしみ包丁は、さしみをきれいに切るために細長く、切っ先がするどくなっている。
- 出刃包丁は魚をさばくのに使う。骨を切ったりするために、峰の部分が厚く、力がかかりやすくなっている。

肉用の洋包丁が登場

洋包丁（切っ先・鋲）

肉をよく食べるヨーロッパやアメリカから入ってきた包丁なのよ。

- 肉を切るために切っ先がするどく、力がかかりやすくなっている。牛刀ともいう。
- 刃を柄にとめるのに、和包丁は口金でとめるが、洋包丁は鋲でとめる。
- 洋食が広まるとともに全国に広まった。

「包丁が利く」ということわざがある。「料理がじょうず」という意味だ。

食べ物を切る道具といえば、包丁だね。日本の包丁を「和包丁」、ヨーロッパから入ってきた包丁を「洋包丁」という。この和包丁と洋包丁のよいところをあわせた包丁が、今もっとも広く使われている「三徳包丁」だ。

1960年 フランスでフードプロセッサーが発明される

三徳包丁が広まる

三徳包丁

これ1本あれば、だいたい何にでも使えるんだ。

- 「三徳」とは「3通りに使える」という意味で、肉・魚・野菜のどれも切りやすい形になっている。文化包丁ともいう。
- 菜切り包丁の切っ先を、洋包丁の切っ先に似せた形にしている。
- 1950（昭和25）年ごろに登場し、家庭で洋食を楽しむことがふえるにつれて広まった。
- 今は切れ味がよく、さびないファインセラミックスやチタン製のものもある。

こんな道具も使われているね

フードプロセッサー　スライサー　ピーラー　刃　調理用はさみ

- フードプロセッサーは、電動で食べ物を切りきざむ道具。野菜をみじん切りにしたり、ひき肉をつくったりするのに便利。
- スライサーは、野菜をかんたんにうすく切ることのできる道具。刃の部分に野菜をこすりつけるようにして使う。
- ピーラーは、野菜の皮をかんたんにむくことができる道具。野菜に刃をあて、引っぱるようにむく。
- 調理用はさみは、肉や野菜などを手軽に、手ばやく切ることができる。

食器をあらう道具

| 明治時代 | 1912年 大正時代 | 1926年 昭和時代 | 太平洋戦争 | 高度経済成長期 |

 手づくりのたわし

 亀の子たわし

★……1907年 亀の子たわしが登場

1960年 家庭用食器洗い器が登場……★

🧓 手づくりのたわしであらっていた

👵 亀の子たわしが登場した

手づくりのたわし

亀の子たわし

これに砂をつけて、羽釜や鍋の底のすすをあらっていたんじゃ。けっこう力のいる仕事じゃった。

今も家や学校で、よく使っている道具だね。

- 羽釜や鍋は使っているうちにすすがつき、熱を伝えにくくなるので、こうした道具ですすをこすり落とす必要があった。
- こうした道具はわらやなわを使って、自分でつくっていた。
- 食器はというと、食べ終わった茶わんにお茶などを入れてしめらせ、たくあんなどでよごれをとって飲みほし、ふきんでふいて箱膳（→28ページ）にしまうのがふつうだった。

- ヤシの木のせんいを針金でたばねた道具。食器や鍋、釜のよごれがよく落ちるとして、当時の大ヒット商品となった。
- 野菜のどろを落とすのにも使われた。
- 形がカメに似ていることや、カメは長生きするので縁起がよいということから「亀の子たわし」と名づけられた。

今はスポンジに洗剤をつけて食器をあらうことが多いね。その前はおもに亀の子たわしを使ってあらっていた。さらに昔になると、わらやなわをたばねたたわしを自分でつくって使っていた。砂をつけ、鍋や釜の底をゴシゴシとあらったんだ。

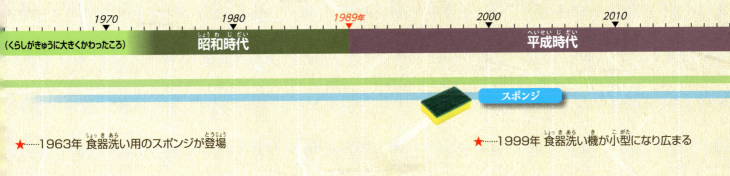

★……1963年 食器洗い用のスポンジが登場

★……1999年 食器洗い機が小型になり広まる

スポンジが広まった

キッチンスポンジ

今はほとんどの家で、キッチン用のスポンジを使ってるわね。

- かたいスポンジとやわらかいスポンジをはりあわせてあり、あらうものによって使いわけられる。
- 食器のデコボコしたところや、細かいところにおしあててあらいやすい。
- 今は、雑菌がふえるのをふせぐための加工などがされたスポンジも使われている。

こんな道具も使われているね

食器洗い機　スチールウール　研磨スポンジ　コップ洗い用スポンジ

- 食器洗い機は、よごれた食器を中にならべて、専用の洗剤を入れておくと自動であらってくれる道具。食器をかわかす機能がついたものもある。
- スチールウールや研磨スポンジは、こびりついたよごれを落とすのに使う。
- コップ洗い用スポンジは、奥まで手がとどきにくいものをあらうのに使う。

食卓

明治時代	大正時代	昭和時代	太平洋戦争	高度経済成長期
1912年	1920　1926年	1930　　1940	1950	19

箱膳

ちゃぶ台

箱膳には、こうやって食器をしまったんだね。

★……1925年ごろから ちゃぶ台が全国に広まる

1955年ごろから テーブルといすが広まりはじめる……★

めいめいのお膳があった

箱膳

ちゃぶ台をかこむようになった

ちゃぶ台

脚

家族みんなで、いろりをかこんで、食べていたんじゃ。

お父さんだけ、おかずが一品多いことも、けっこうあったわね。

- 膳とは、一人ずつの食器と食べ物をのせる台のこと。箱膳は、食事のときにふたをひっくり返してお膳にした。
- このころは家族それぞれにすわる場所が決まっていた。お母さんやおばあさんはご飯をよそったりするために、台所にいちばん近い場所にすわることが多かった。

- ちゃぶ台は、丸くて低いテーブル。家族でかこんで、いっしょに食事をした。
- たたみの上にすわって食べていた。
- 寝るときは、脚をたたんで部屋のすみにかたづけておくことができた。

食事をするテーブルを食卓という。昔はいろりをかこみ、めいめいのお膳で食べていた。それが100年ほど前から、たたみの上にちゃぶ台をおいて食べるようになり、50年ほど前からは、テーブルといすで食べることが多くなった。

| 1970 | 1980 | 1989年 | 2000 | 2010 |

（くらしがきゅうに大きくかわったころ） ／ 昭和時代 ／ 平成時代

テーブルといす

★……1975年ごろから リビングダイニングキッチンが広まりはじめる

テーブルといすが広まった

団地のダイニングキッチン

今のリビングダイニングキッチン

いすにすわって食事のできる団地が、あこがれのまとだったんだ。

今はテレビを見ながら、ご飯を食べることも多いね。

- 1955（昭和30）年ごろから、各地に団地がつくられはじめた。団地には、台所にテーブルといすをおいた部屋があることが多かった。この部屋はダイニングキッチン（ＤＫ）とよばれた。
- このＤＫで食事をする家が多くなった。

- 40年ほど前から、リビングダイニングキッチン（ＬＤＫ）も登場した。居間と、ＤＫがいっしょになった部屋のこと。ＬＤＫでテーブルといすを使って食事をとる家も多い。
- 対面式のキッチンもふえてきた。居間のほうを向いて、家族と話をしながら料理ができるので人気がある。

食べ物を保存する道具

明治時代 | 大正時代 | 昭和時代 | 太平洋戦争 | 高度経済成長期
1912年 / 1920 / 1926年 / 1930 / 1940 / 1950 / 19

たる・つぼなど

土にほった穴や自然の洞窟などを利用して、いもや野菜を保存することもあったよ。

1960年 ラップが日本で発売される

たるやつぼなどに入れていた

- ふた
- 胴
- たが

漬け物だる　　つぼ

たるやおけは、木の板を何枚も組み合わせてつくる。それをしめるのが、たがじゃ。

- たるは、しっかりしたふたのついた木の容器。みそや酒、漬け物などを入れていた。同じようなものに、おけがあるが、こちらはふたをかんたんにはずせる。
- つぼは焼き物の容器で、お茶や梅干し、さとう、塩などを保存した。

ぴったりしまる容器が登場

ふた
ぴったりとしまるので汁がこぼれにくい

おかずや、つくりおきのものをこの容器に入れて、広まったばかりの冷蔵庫に、しまっていたのよ。

タッパーウェア

- 冷蔵庫で食べ物を保存するのに便利なプラスチックの容器。
- おかずを持ちよってパーティーをしたり、弁当箱がわりにも使われた。
- もともとはアメリカで売りだされたもので、日本に入ってきたころは高級品だった。

たがは、たるやおけの胴をしめる竹であんだ輪のこと。たががゆるむとばらばらになる。

冷蔵庫がなかった昔は、今のように気軽に食べ物をとっておくことができなかった。すずしい場所においておいたり、漬け物などにしたりして、何か月ももつようにくふうした。今は冷蔵庫にしまっておくための保存容器がいろいろあって便利だね。

```
         1970          1980         1989年        2000          2010
(くらしがきゅうに大きくかわったころ)   昭和時代              平成時代
```

プラスチックの保存容器

フリーザーバッグ

★……1963年 タッパーウェアが日本で発売される　　★……1986年ごろから フリーザーバッグが使われはじめる

汁物も凍らせてとっておける

フリーザーバッグ

あまってしまったスープなんかも、お母さんがこれに入れて、冷凍庫にしまっておくよね。

- 口をぴったりとしめられる、じょうぶなビニールの袋。
- 冷凍庫に入れて凍らせたものを、この袋のまま電子レンジであたためられるものもある。

！食事をとっておく道具 昔と今

- おそく帰ってくる家族の食事をとっておくには、お皿にラップをかけておくね。このラップは1960（昭和35）年に登場し、今ではどこの家でも使われるようになった。
　ラップのないころはどうしていたんだろう？　ラップも冷蔵庫もなかった昔は、食事にハエやほこりがついてしまうのをふせぐため、写真のような蝿帳という道具を使っていた。
- 昔はご飯をたくのは、1日に2回ほどだった。燃料がもったいないし、手間もけっこうかかるからだ。一度たいたご飯は飯びつ（→13ページ）に入れて保存したり、写真のような飯かごに入れて、風通しのよいところや、井戸の中につるしたりしてとっておいた。

ラップ

飯かご

蝿帳

網戸になっている

飲み物を入れる道具

明治時代	大正時代	昭和時代	太平洋戦争	高度経済成長期
1912年	1920　1926年　1930	1940	1950	19

ガラスびん

缶

- 1889年ごろ　国産のビールびんが登場
- 　　　　　　牛乳を入れるのにびんを使いはじめる
- 1892年　国産のラムネびんが登場

- 1954年　国産初の缶ジュースが登場……★
- 1956年　三角の牛乳パックが登場　　　★

びんが登場した

キュウリびん

陶器のふた

牛乳びん　　ラムネびん　　ビールびん

びんはリサイクルの優等生なんじゃ。よくあらって、また中身をつめなおすことができるからのう。

- 今も使われているガラスびんは、明治時代の中ごろから広まった。はじめは牛乳やビールのびんがつくられた。
- はじめのころは陶器やコルクでふたをしていた。
- キュウリびんは150年ほど前に外国から入ってきた。ラムネなどを入れてコルクでふたをし、横にして保存した。

缶が登場した

専用の缶切り
はじめのころは、これで穴をあけて飲んだ

タブ

国産初の缶ジュース　　ステイオンタブ

今は、タブを引っぱるとあくようになっているね。

- 缶は、びんよりも軽く、われない。手軽に持ちはこべることから広まった。
- その後、缶切りから、指で引くプルトップであけるようになったが、缶からはなれた部分がごみになっていた。今は缶からはなれないステイオンタブになった。

32　びんが出てくる前の飲み物を入れる道具は、たるだった。たる酒は今もお祝いやお祭りに使われているね。

飲み物は昔、びんで売られていた。たるにくらべ、持ちはこびやすかったけれど、重くて、落とすとわれるのが欠点だった。今は軽くてじょうぶなペットボトルや紙パック、缶が多い。いっぽうで、くりかえし使えるびんのよさも見直されている。

	1970	1980	1989年	2000	2010
(くらしがきゅうに大きくかわったころ)	昭和時代			平成時代	

紙パック
- 1964年 屋根型の牛乳パックが登場
- 1965年 プルトップであける缶が登場

ペットボトル
- 1982年 飲み物用のペットボトルが登場
- 1989年ごろから ステイオンタブの缶が広まる

紙パックが登場した

屋根型の牛乳パック
三角の牛乳パック

今は給食の牛乳も紙パックがほとんどよね。わたしのころはびんだったから、給食当番で運ぶときに重かったのよ。

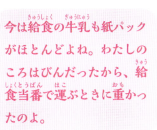

- 1956（昭和31）年に、三角の牛乳パックが登場。その8年後には屋根型の牛乳パックも出てきた。
- 軽くて持ちはこびやすく、落としてもわれないため、1966（昭和41）年に鳥取県ではじめて学校給食用に紙パックの牛乳が出された。今では全国の学校給食に広まっている。

ペットボトルが広まった

いろいろなペットボトル

今はほとんどの飲み物がこれよね。使いおわったら資源回収に出しているわね。

- 軽くてじょうぶなプラスチックの入れ物。飲みかけでも、ふたをしておくことができる。
- 今はペットボトルをはじめ、びん・缶・紙パックのどれも、飲みおわったら回収され、リサイクルされたり、新たに中身をつめなおしたりして使われている。

水筒

| 明治時代 | 大正時代 | 昭和時代 | 太平洋戦争 | 高度経済成長期 |

1912年　1920　1926年　1930　1940　1950　19

ヒョウタン・竹筒

金属製の水筒

……1897年ごろ アルミニウム製の水筒が登場

1950年ごろ 魔法びんの水筒が登場……★

★……1932年ごろから アルマイト加工の水筒が広まる

ヒョウタンや竹を使っていた

ヒョウタン　　竹筒

ヒョウタンも竹も、身近にある植物だったんじゃ。自然のものをじょうずに利用したんじゃな。

- ヒョウタンは、実の中をくりぬいて、かわかしてから、水やお酒を入れて使った。
- 竹筒は、竹のひと節を切って、片方に穴をあけ、やはり水やお酒を入れて使った。
- 野山での仕事に持っていったり、旅をするときに持ちあるいたりしていた。

アルミニウム製の水筒が登場

アルマイト加工の水筒
（アルマイト加工→14ページ）

方位磁石がついている

じょうぶそうな水筒ね。ふたに方位磁石がついていて、方角がわかったんだって。

- アルミニウムでできた水筒。写真のようにベルトをかけたり、布の袋に入れたりして、肩にかけて持ちあるいた。
- 金属でできているので、水筒ごと火にかけて、あたためることもあった。
- ふたの部分は、ねじこみ式になっていて、はずすとコップのかわりになった。

8月8日は「ひょうたんの日」。8の字がひょうたんの形に似ているからだ。

遠足や運動会などに持っていく水筒。昔はヒョウタンや竹を利用した。その後、じょうぶな金属製のもの、軽いプラスチック製のものなどが登場した。今では、長く温度をたもてる魔法びんの水筒がよく使われている。

| 1970 | 1980 | 1989年 | 2000 | 2010 |

（くらしがきゅうに大きくかわったころ）　昭和時代　平成時代

プラスチック製水筒
魔法びんの水筒

★……1962年ごろ プラスチックの水筒が登場

★……1978年 ステンレス魔法びんの水筒が登場

プラスチックの水筒が登場

（登場したころのもの）　（今のもの）

プラスチック製の水筒

プラスチック製だと、軽くて持ちはこびやすいのよね。

- プラスチックでできた水筒は、じょうぶで、金属の水筒よりも軽くなった。
- 中身をストローで直接飲めるものもある。
- 最近は、飲みおわったら、たいらに折りたたんで、しまっておけるものも出てきている。

温度をたもてる水筒が広まる

今の魔法びんの水筒

ステンレス魔法びんの水筒
（登場したころのもの）

暑い夏には冷たい麦茶、寒い冬にはあたたかいお茶を、このような水筒で持ちあるいているよ。

- 冷たいものを冷たいまま、あたたかいものをあたたかいまま持ちはこべる水筒。
- 登場したころは、中の部分がガラスでできていて、落とすとわれてしまうこともあった。30年ほど前から、じょうぶで軽いステンレス製のものにかわった。

弁当箱

| 明治時代 | 1912年 大正時代 | 1926年 | 1930 昭和時代 | 1940 太平洋戦争 | 1950 | 高度経済成長期 |

竹・木の弁当箱

アルミニウム製の弁当箱

……明治時代 アルミニウム製の弁当箱が登場　　★……1932年ごろ アルマイト加工の弁当箱が広まりだす

竹や木でできていた

弁当行李

めんぱ

竹の皮

こうした弁当箱を、今でも好んで使っている人もいるよ。

- 弁当行李は、ヤナギの木や竹で編んだ弁当箱。おにぎりやのりまき、いなりや、汁気のないおかずを入れた。
- めんぱは、うすい木の板をまげてつくる弁当箱。ご飯をたくさんつめることができ、じょうぶで長く使える。
- 竹の皮は竹の子の皮で、おにぎりを包むのによく使った。

アルミニウム製の弁当箱が登場

おかず入れ

ふた

アルマイト加工の弁当箱
（アルマイト加工→14ページ）

わたしの子どものころは、お弁当箱といえば、これだったわ。

- アルミニウム製の弁当箱は、じょうぶであらいやすかった。
- 寒い季節には、弁当箱をストーブのそばにおいて、あたためることもできた。
- 1980（昭和55）年ごろまで、弁当箱にはおもにアルマイト加工のものが使われていた。

子どもが自分で弁当をつくって登校する日を「弁当の日」という。2001（平成13）年に香川県の小学校ではじまった。

遠足や運動会にかかせないのがお弁当。昔は竹や木の弁当箱が使われ、それがじょうぶなアルミニウム製の弁当箱にかわった。今はプラスチック製のものがおもだが、ご飯をあたたかいまま持ちはこべるランチジャーもよく使われている。

	1970	1980	1989年	2000	2010
(くらしがきゅうに大きくかわったころ)	昭和時代			平成時代	

 プラスチックの弁当箱

ランチジャー

★……1964年 ランチジャーが登場
★……1983年 ステンレスのランチジャーが登場
★……1975年ごろ プラスチックの弁当箱が広まる

プラスチック製の弁当箱が登場

プラスチック製の弁当箱

アルミニウム製にくらべて、軽くて、ふたがぴったりしまるから便利なのよね。

● プラスチックでできていて、軽くてじょうぶであらいやすい。
● ふたがぴったりしまるので、汁気のあるおかずでも、汁がこぼれにくくなった。
● さまざまなデザインや色のものがある。今もこうしたプラスチック製のものが、もっともふつうに使われている。

保温のできる弁当箱も広まる

ランチジャー

朝つめたご飯やおかずを、お昼にあたたかいまま食べられるんだね。

● 時間がたっても、ご飯や味噌汁をあたたかいまま食べられる弁当箱。魔法びんと同じしくみを利用している。
● 名前のランチはお昼ご飯、ジャーは温度をたもてる容器のことだ。

給食とその道具

明治時代	大正時代	昭和時代	太平洋戦争	高度経済成長期

1912年 / 1920 / 1926年 / 1930 / 1940 / 1950 / 196

給食開始 戦争中の給食　パン主体の給食

- 1889年 山形県の私立小学校で給食がはじまる
- 1944年 給食が中止される……★
- 1946年 給食が再開される……★
- 1950年ごろから アルマイト製の食器が使われる……★
- 1950年 アメリカから小麦粉がおくられ、都市部で完全給食がはじまる……★

給食がはじまった

はじまったころの給食

＊この見開きの写真はすべて日本スポーツ振興センターで再現したもの（先割れスプーンを除く）

おなかいっぱい食べられなかった

すいとん
小麦粉をねって煮こんだもの
戦争中によく食べられた

戦争中の給食
1944（昭和19）年には中止された

再開されたころの給食　脱脂粉乳

おなかをすかせていた子どもたちは、みんな大喜びで食べたそうじゃよ。

- 給食は、学校に弁当を持ってこられない子どものために、山形県鶴岡市の私立小学校がはじめた。
- はじまったころの給食は、陶器の皿で出され、はしを使って食べていた。

都市では、すいとんやおいもをご飯がわりに食べていたって聞いたわ。

- 給食が再開されたのは1946（昭和21）年。このころは1週間に2回だった。
- 牛乳は、粉ミルク（脱脂粉乳）をお湯にとかして飲んでいた。おかずも少ししかなかった。

38　1790年にドイツで、学校に通う貧しい子どもたちにスープが配られた。これが世界ではじめての給食とされている。

給食は、弁当を持ってこられない子どもたちに食べてもらおうということからはじまった。太平洋戦争のころには中止されたけれども、世の中がゆたかになるにつれてメニューもふえ、地域の伝統料理も出されるようになった。

| 1970 | 1980 | 1989年 | 2000 | 2010 |

（くらしがきゅうに大きくかわったころ）　昭和時代　　　　　平成時代

地産地消の給食

1959年 先割れスプーンが登場

★……1985年 国がご飯の給食をふやすようよびかける
2005年 食育基本法にもとづく給食がはじまる……★
2006年 ほぼすべての学校が給食にはしを使うようになる……★

完全給食になった

はじまったころの完全給食　　先割れスプーン

パンを家で食べる習慣も、このような給食から広まったんだ。

- 終戦の5年後から、主食・おかず・牛乳のそろった給食（完全給食）がはじまった。主食はアメリカからおくられた小麦粉でつくったパン。牛乳は脱脂粉乳だった。
- 同じころ、アルマイト加工の食器が使われはじめた。軽くてじょうぶだが、熱いものが入っていると持ちにくかった。
- 1959（昭和34）年には、先割れスプーンも登場した。

地域でとれた食材を使うようになった

今の給食　（写真はひな祭りのメニュー）

地域でとれた食材を、地域の学校で食べる「地産地消」が進んでいるんだね。

- 1985（昭和60）年ごろから、ご飯の給食がふえてきた。
- 今は、ほぼすべての学校ではしを使うようになり、陶器や磁器の食器もふえた。
- 食育基本法という法律にもとづき、地域ごとの食材や伝統料理もメニューに加わった。
- 食物アレルギーをもつ人向けのメニューもつくられている。

しゃもじとお玉

| 明治時代 | 1912年 大正時代 | 1920 | 1926年 | 1930 昭和時代 | 1940 太平洋戦争 | 1950 | 高度経済成長期 |

木や竹のしゃもじ・お玉

★……戦争中、貝のお玉がふたたび使われる
★……1932年ごろから アルマイト加工（→14ページ）のお玉が登場

木や竹でできていた

竹のしゃもじ　　木のお玉　　貝のお玉

手に入りやすい身近な材料を使って、つくっていたんだ。

- しゃもじは、たいたご飯を羽釜（→12ページ）から飯びつにうつしたり、茶碗によそったりする道具。
- 木や竹でできたものは、水でぬらしてから使わないと、ご飯がくっついてしまった。
- お玉は、味噌汁などの汁物をよそう道具。木のほかに、貝がらを使ってつくられることもあった。

！しゃもじとお玉のご先祖は……

- はっきり、いつごろとはわからないが、はるか昔はご飯をよそうのも、汁をよそうのも、ヒョウタンの実をたてに切ったものや、貝がらを使っていた。
- この道具は「杓子」とよばれた。ご飯をよそいやすいように平らに、汁をよそいやすいように丸く、それぞれ形や材料がかわっていく中で、ご飯用は「飯杓子」、汁用は「汁杓子」とよばれるようになった。これらがそれぞれ、「しゃもじ」と「お玉」とよばれるようになった。

ヒョウタンの実

カエルの子どものオタマジャクシは、玉じゃくし（お玉）に形が似ていることからつけられた。

ご飯をよそうのはしゃもじ、味噌汁などをよそうのはお玉だね。じつはこのふたつ、もともとは同じものだった。昔は木や竹でつくられていたものが、プラスチックや金属へとうつりかわり、今はご飯がくっつきにくいくふうがされたものもある。

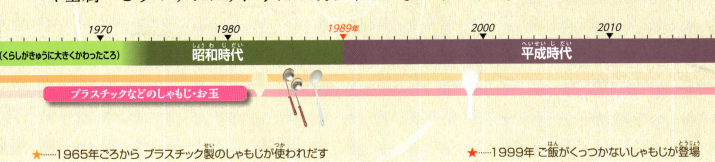

★……1965年ごろから プラスチック製のしゃもじが使われだす

2000年ごろから シリコン製のお玉が広まりだす……★

★……1999年 ご飯がくっつかないしゃもじが登場

プラスチック製が登場

- プラスチックのしゃもじ
- 金属のお玉
- 穴あきお玉
- プラスチックのお玉

ここ50年ほどの間に、たくさんの道具が、プラスチックのものにうつりかわったわね。

- プラスチック製のしゃもじやお玉は、工場で一度にたくさんつくることができ、安い値段で売られた。
- 金属製のお玉は、太平洋戦争前からあったアルマイト加工（→14ページ）のものに加え、戦後はステンレス製のものが出てきた。木や竹のようなあたたかみはないが、よごれが落としやすい。

ご飯がくっつきにくいくふうも

- ご飯がくっつきにくいしゃもじ
- シリコン製のお玉

今、わたしの家で使っているしゃもじはこれだわ。

- 2000（平成12）年ごろから、写真のようなデコボコのしゃもじが広まった。ご飯をくっつきにくくするくふうだ。
- 雑菌がふえるのをおさえる抗菌加工がされたものもある。
- お玉は、シリコンでつくられたものも使われるようになった。シリコン製のものは、熱に強く、煮物などをくずさずよそいやすい。

水道

衣・住生活

明治時代	1912年	大正時代	1926年	昭和時代	太平洋戦争	高度経済成長期
1920			1930	1940	1950	1960

井戸

- 1879年 コレラで10万人をこえる人がなくなる
- 1887年 横浜で日本初の近代的な上水道がしかれる
- 1898年 東京に上水道がしかれる
- ★……1930年ごろから 都会を中心に、水道をひく家がふえる
- 1960年 水道を使う家庭が半分をこえる……★

井戸からくんでいた

つるべ井戸 / ポンプ井戸 / 水がめと流し / つるべ / 水がめ

子どものころは、井戸水をくんで家まで運んだもんじゃ。

- 井戸は地面を深くほって、地下を流れる水をくみ上げる道具。つるべ（綱を取りつけたおけ）や、手おしのポンプを使ってくんでいた。
- 井戸や川からくんだ水は家の中に運び、大きな水がめにためてたいせつに使っていた。

水道が登場した

明治時代の共用栓（模型）

竜の顔をまねてつくられた

「蛇口」という言葉は、この共用栓からきたようだよ。竜の形になっている部分をヘビに見立てたんだ。

- 明治時代のはじめごろ、コレラや赤痢などの伝染病がはやり、その対策として、水を消毒して使う近代的な水道がしかれた。
- 登場したころは、街角におかれた共用栓から水をくんで家まで運んでいた。
- 1930（昭和5）年ごろから、手軽にきれいな水を使える水道の便利さが知られ、水道をひく家がふえはじめた。

江戸時代にも「水道」はあったが、川からひいた水を、地下にうめた木製の水道管に流すもので、消毒はされていなかった。

昔はおもに川や井戸の水を使っていた。井戸は、地下を流れる水をくみ上げる。今のような水道は130年ほど前につくられ、太平洋戦争後になって、多くの家にひかれた。最近は、水道の水をより安全で、おいしくする取りくみが進んでいる。

1970	1980	1989年	2000	2010
(くらしがきゅうに大きくかわったころ)	昭和時代		平成時代	

 水道

★……1980年 水道を使う家が90パーセントをこえる

みんなが使うようになった

今の流し台

水道の水がそのまま飲める国は、じつは世界でもめずらしいんだ。水をたいせつに使わなきゃね。

- 50年ほど前から、洗濯機や水洗式のトイレが広まったり、家ごとに風呂がつくられたりしたことで、水をたくさん使う家がどんどんふえた。
- 今は、水を節約できる機能のある洗濯機やトイレなどの製品も人気を集めている。
- 水道に利用できる水はかぎりがあって、たいせつなものだから、むだにしないようにしよう。

浄水場ってどんなところ？

- 浄水場は、川からひいた水をきれいな水にして家庭や学校などに送る施設。水の中の土や砂、細かなごみを取りのぞき、薬品で消毒して水道管に流している。
- 水をきれいにする技術が進んだことで、水道水はより安全になり、おいしくなった。東京都は2004（平成16）年から、「東京水」の名前で、水道の水をペットボトルにつめて配ったり、売ったりして、おいしさをアピールしている。

浄水場（東京都葛飾区）

「東京水」

あかり

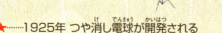

- 1872年 国産初の石油ランプが登場
- 1879年 エジソンが白熱電球を発明する
- 1890年 国産初の白熱電球が登場
- ★ 1925年 つや消し電球が開発される
- ★ 1940年 国産初の蛍光灯が登場
- 1953年 ドーナツ型の蛍光灯が登場 ★

火をもやして明るくした

石油ランプ
灯心 火をともすところ
あんどん
油つぼ

あんどんは、まわりが少し明るくなるくらいの明るさだったんじゃ。

- あんどんは、500年以上前から使われていたあかりで、和紙をはったわくの中で、油やろうそくを燃やす。
- 油を小皿に入れ、布などを細かくさいて灯心にした。
- 石油ランプは、150年ほど前に日本に伝わった。ガラスなどでできた油つぼに灯油を入れ、灯心に火をつけた。
- このほか、昔はいろり（→18ページ）も貴重なあかりだった。

電気の光で明るくなった

国産初の白熱電球
国産初のつや消し電球
フィラメント
バルブ
かさにとりつけたところ

はじめは電気代も高く、よく停電したので、広まるには時間がかかったそうよ。

- 電球はアメリカの発明家のエジソンが発明した。成功のかぎは光を出すフィラメントの部分に、細くてとてもじょうぶな京都の竹でつくった炭を使ったことにあった。
- 1925（大正14）年には、つや消し電球が登場した。バルブが透明だとまぶしすぎるからだ。今はほとんどの電球に、つや消しの加工がされている。

44　エジソンが電球の実験に成功した1879（明治12）年10月21日を記念して、10月21日は「あかりの日」に定められている。

昔は油に火をともしてあかりにした。油は貴重だったから、仕事や用事はなるべく昼間にすませ、短い時間だけあかりを使った。今は電気が自由に使えるようになって、夜が明るくなった。だからといって、電気はむだに使わないようにしようね。

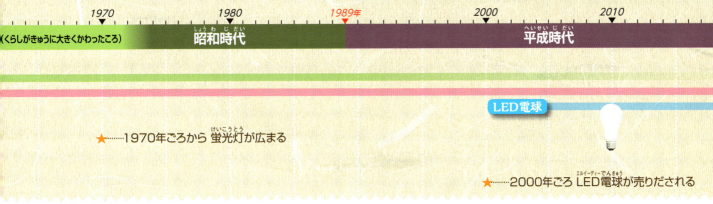

★……1970年ごろから 蛍光灯が広まる

LED電球

★……2000年ごろ LED電球が売りだされる

蛍光灯が登場した

国産初の蛍光灯
（法隆寺で使われたランプ）

ドーナツ型蛍光灯
（発売当時のカタログ）

そのころの白熱電球の3倍も長もちしたんだって。でも、つくまでに時間がかかったんだよ。

- 蛍光灯は、白熱電球よりも明るく、熱くなりにくい。
- 国産初の蛍光灯は、1940（昭和15）年、奈良の法隆寺の壁画を記録しておくための模写作業に使われた。「壁画が明るく、美しく見える」と喜ばれたという。
- その13年後にドーナツ型の蛍光灯が登場。和室に似あうあかりとして使われるようになった。
- ふつうの家に蛍光灯が広まるのは、45年前ごろからだ。

省エネで明るいLEDに

LED電球

すぐつくし、熱くならないから、やけどの心配もないんだよ。

- 発光ダイオード（LED）という電子部品を使ってつくられた電球。
- 白熱電球の10分の1の電力で、40倍長もちするため、電気代が安いし、省エネでもある。
- 2014（平成26）年には、LED照明の開発に大きな役割をはたした日本人学者3人が、ノーベル物理学賞を受賞した。

移動用のあかり

衣・住生活

明治時代	1912年 大正時代	1926年 昭和時代	太平洋戦争	高度経済成長期

ちょうちん・がんどう 　　電池式懐中電灯

……1899年 懐中電灯がアメリカで登場
★……1907年 国産の懐中電灯が登場

ちょうちんは今も、お祭りのときにかざられるね。中は電球だけど。

火をともしていた

ちょうちん

ろうそく
たたんだところ
ろうそく
がんどう
（提供：京都市消防局）

昔は、今みたいにまちが明るくなかったから、ちょうちんをよく使っていたんじゃ。

電気のあかりになった

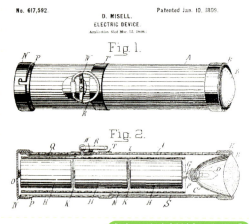

最初の懐中電灯の設計図

100年くらい前から、日本でもつくりはじめたのよ。

- ちょうちんは、火をともしたろうそくを中に入れて使うあかり。街灯が広まるまで、夜道を歩くのに使われていた。
- がんどうは、銅やブリキなどでつくられたあかり。同じようにろうそくを入れて使う。懐中電灯のように、向けたほうを明るくできる。

- 紙の筒の中に、乾電池を入れて電球をともす道具。アメリカで発明され、最初はおもに警察官に使われた。
- 電池も電球もこのころ開発されたばかりで、長い時間つけておくことはできなかった。ときどきスイッチを切って、休ませなければならなかった。

46　　がんどうは「強盗提灯」と書いた。強盗が使ったという説や、強盗をつかまえるために使ったという説がある。

夜に外出するとき、昔はちょうちんが使われていた。110年ほど前に懐中電灯が登場し、ラジオがついたり、電池がいらない手回し式のものも出てきている。大きな災害のそなえにはかかせない道具だね。

| 1970 | 1980 | 1989年 | 2000 | 2010 |

（くらしがきゅうに大きくかわったころ） | 昭和時代 | 平成時代

 ラジオつき懐中電灯
 手回し式懐中電灯

★……1980年ごろから ラジオつき懐中電灯が登場
　　　　★……1995年ごろから 手回し式懐中電灯が広まる
2005年ごろから LED電球の懐中電灯が広まる……★

ラジオがついた

ラジオつき懐中電灯

あかりとしてだけでなく、天気などの情報も集められるようになったんだ。

- 懐中電灯にラジオが組みこまれた道具。
- 大きな災害のときに、かんたんに持ちはこべるラジオなら、ニュースを聞くこともできる。このため、このような懐中電灯がつくられるようになった。

手で回してつくようになった

手回し式懐中電灯

自分の手で電気をおこして、つけることができるんだね。ダイナモ式懐中電灯ともいうんだって。

- 手で回して充電し、ラジオも聞ける懐中電灯。
- 最近ではこの手回し式懐中電灯につなげば、携帯電話やスマートフォンを充電できる機能もつくようになった。
- 使う電力が少なくて長もちするLED電球（→45ページ）の懐中電灯も登場している。

アイロン

| 明治時代 | 大正時代 | 昭和時代 | 太平洋戦争 | 高度経済成長期 |

1912年 / 1920 / 1926年 / 1930 / 1940 / 1950 / 19

- 火のし・炭火アイロン
- 電気アイロン

★……明治時代 炭火アイロンが広く使われるようになる

★……1910年ごろ アメリカで電気アイロンが広まりはじめる

★……1915年 国産初の電気アイロンが登場

★……1954年 スチームアイロン（蒸気の出るアイロン）が登場……★

炭の熱を利用していた

火のし

炭を入れるところ

こて

炭火アイロン

- えんとつ：炭から出る煙をにがす
- 空気穴：炭を燃やすための空気が入る穴

1000年をこえる昔から使われていたといわれる道具なんじゃよ。

火かげんがむずかしかったし、火の粉が飛んでしまうこともあったわ。

- 火のし（火熨斗）は、丸い部分に炭を入れて熱くして、着物におしあててしわをのばす道具。
- こて（焼きごて）は、細かい部分のしわをのばす道具。金属の部分を炭火の中に入れ、熱くして使う。
- どちらも、今から50年ほど前まで使われていた。

- 明治時代になって洋服を着るようになり、炭火を使うアイロンが使われるようになった。
- 洋服にぬらした手ぬぐいをおき、その上からおしあてて、しわをのばしたり、形をととのえたりした。
- こちらも、50年ほど前まで使われていた。

昔、着物のしわをのばすのには、火のしやこてを使っていた。明治時代になって登場したアイロンは、炭を使っていた。それが電気を使うアイロンへとうつりかわり、今はコードレスの電気アイロンがおもに使われるようになった。

| 1970 | 1980 | 1989年 | 2000 | 2010 |

〈くらしがきゅうに大きくかわったころ〉　昭和時代　　　　平成時代

コードレスアイロン

★……1988年 コードレスアイロンが登場

電気アイロンが登場した

国産初の電気アイロン

このころはアイロンの底に、ぬらした指をあててみて、温度をたしかめていたんだって。

- 電気を利用してかけるアイロン。
- アメリカ製のアイロンを手本につくられた。登場したころは、今のお金で4～5万円もした。
- 洋服の上に布をおいてからかけていた。蒸気は出なかったので、霧吹きで洋服に水をふきかけてから使うこともあった。

コードレスアイロンが広まる

アイロンスタンド

今のコードレスアイロン

動かしやすいし、コードに足をひっかけてしまうこともなくなったわ。

- コンセントとつながっているアイロンスタンドの上で熱してから使う。
- 温度や蒸気の量を細かく調節することができる。
- 今は、洋服をハンガーにかけたまま、しわをのばすアイロンもある。

衣・住生活

ミシン

| 明治時代 | 1912年 大正時代 | 1920 | 1926年 | 1930 昭和時代 | 1940 太平洋戦争 | 1950 | 高度経済成長期 |

裁縫箱

手や足で動かすミシン

……1900年 アメリカのミシンが日本で売りだされる
★……1921年 国産のミシンが登場
★……1929年 国産の足踏み式ミシンが登場
1961年 家庭用の電動ミシンが登場

手でぬっていた

裁縫箱

お母さんやおばあさんが針に糸を通して、ひと針ひと針、ぬっていたんじゃよ。

- どこの家にも裁縫箱があった。針や糸、はさみなどを、小さな引き出しに分けてしまっておいた。
- 着物を新しく仕立てるだけでなく、やぶれたり、ほころんだりした着物をつくろっていた。やぶれたら捨てるのではなく、何度もなおしてたいせつに着ていた。

手や足で動かすミシンが登場

国産初の手回し式ミシン

ハンドル
手で回して動かした

ペダル
足でふんで動かした

初期の足踏み式ミシン

はじめは、人の力で動かしていたんだね。

- 外国製のミシンを手本につくられた。
- 手回し式ミシンの値段は、大学を出たての人がもらう1か月分の給料と同じくらいで、たいへん高かった。
- ミシンという名前は、英語の「ソーイング・マシン（ぬう機械）」の「マシン」がなまったもの。

50　　3月4日は「ミシンの日」。「ミ(3)シ(4)ン」の語呂合わせ。

きみたちの家にミシンはあるかな？　ミシンは、学校の家庭科の時間に使い方を習うし、おぼえると、袋をつくったり、ぞうきんをぬったりすることもできるようになる。今では、好みのデザインのししゅうなどができるミシンもできている。

| 1970 | 1980 | **1989年** | 2000 | 2010 |

（くらしがきゅうに大きくかわったころ）　　**昭和時代**　　　　　　　　　　**平成時代**

電動ミシン

コンピューターミシン

★……1979年 コンピューターミシンが登場

電気で動くミシンが登場

初期の電動ミシン

わたしの若いころは、結婚するときにはミシンを持っていったものよ。

- まっすぐにぬうだけでなく、手足で動かすミシンではできないジグザグぬいや、ししゅうもできるようになった。
- ぬうスピードをダイヤルで選べるようになった。
- それまでおもに使われていた足踏み式ミシンにくらべ、持ちはこびも楽になり、テーブルの上でも使えるようになった。

コンピューターが組みこまれた

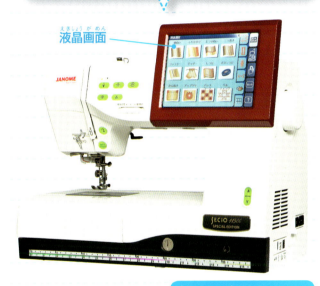

液晶画面

今のコンピューターミシン

コンピューターのおかげで、いろいろな手間がはぶけるようになったんだね。

- 糸を通すところから自動になり、布の厚さなども判断してぬってくれるようになった。
- 液晶画面があり、ぬい目のはばや種類などが表示される。
- 複雑なししゅうなど、手間のかかる作業も、コンピューターでかんたんにできるようになった。

洗濯をする道具

衣・住生活

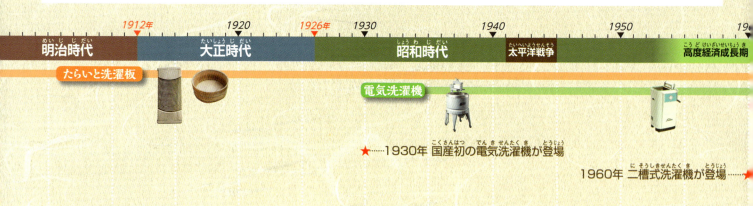

| 明治時代 | 大正時代 | 昭和時代 | 太平洋戦争 | 高度経済成長期 |

1912年　1920　1926年　1930　1940　1950　19

たらいと洗濯板

電気洗濯機

★……1930年 国産初の電気洗濯機が登場

1960年 二槽式洗濯機が登場……★

手であらっていた

洗濯板

たらい

このギザギザに洗濯物をこすりつけてあらう

洗濯は家事の中でも、いちばん時間がかかるものだったんじゃよ。水の冷たい冬は、とくにたいへんだったのう。

- 水をはったたらいに洗濯物をひたし、固形の石けんをこすりつけてから、洗濯板におしつけてゴシゴシとあらった。
- あらった後は水ですすぎ、ギュッと手で水をしぼった。
- 洗濯板は、今でも泥のついたくつ下など、汚れのひどいものの洗濯に使われている。

機械であらうようになった

ローラー
あらい終わったものをはさみ、ハンドルを回して脱水した

ハンドル

国産初の電気洗濯機

広まったころの洗濯機

あらう手間がはぶけて、大助かりだったよ。

- 国産初の電気洗濯機は1930（昭和5）年に登場。当時の銀行員の月給の5倍ほどの値段で、ごく一部の家におかれた。
- 世の中がゆたかになってきた1953（昭和28）年に、値段の安い洗濯機が登場し、一気に広まった。この年は「電化元年」とよばれている。

52　「盥」という漢字には、「水」と「皿」の字が入っている。両手に水をため、下においた皿に入れるようすをあらわしている。

昔の洗濯はたいへんだった。家族みんなの洗濯物を1枚1枚手であらい、しぼってほしていた。だから家に電気洗濯機がおけるようになって、ほんとうに大助かりだ。今は乾燥までやってくれる洗濯機も使われているね。

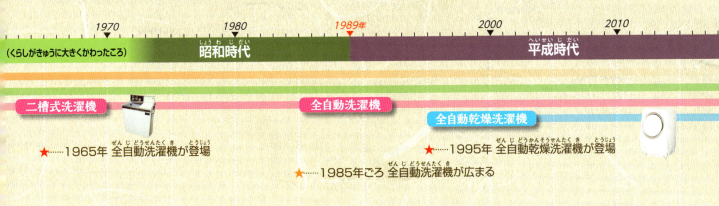

★……1965年 全自動洗濯機が登場
★……1985年ごろ 全自動洗濯機が広まる
★……1995年 全自動乾燥洗濯機が登場

脱水も自動になった

洗濯槽 洗濯物を入れてあらう
脱水槽 あらい終わったものを回して水気をとばす

二槽式洗濯機

あらうだけじゃなく、水をしぼってくれるようになったのね。

- 脱水槽がつき、あらい終わったものをここにうつしかえると、脱水してくれた。
- 二槽式洗濯機が登場した5年後には、洗濯槽と脱水槽がひとつになった全自動洗濯機が売りだされた。最初に洗剤を入れて、スイッチをおすだけで、脱水まですべてやってくれるので、ほすだけでよくなった。

乾燥までやってくれる

全自動乾燥洗濯機

あらう・しぼる・ほす……全部、機械の仕事にうつりかわったんだね。

- スイッチを入れるだけで、洗濯・脱水・乾燥まで自動でやってくれる洗濯機。
- 子どもの多い家族や、いそがしい人、ひとりぐらしの人などから人気を集めている。
- 水を節約したり、音を小さくするなどのくふうも進んでいる。

掃除をする道具

衣・住生活

| 明治時代 | 大正時代 | 昭和時代 | 太平洋戦争 | 高度経済成長期 |

1912年　1920　1926年　1930　1940　1950　1960

ほうき・はたき

バケツやぞうきんも学校の掃除のときに、昔から使っているね。

電気掃除機

★……1931年 国産初の電気掃除機が登場
1953年ごろから 電気掃除機が広まりはじめる……★

ほうきやはたきで掃除した

ほうき / ちりとり / はたき

部屋のすみや、しきいの部分など細かいところをうまくはくのには、けっこう、わざが必要なんじゃよ。

- たたみの部屋や板の間は、ほうきではいて、ごみをちりとりに集めたり、縁側から外にはきだしたりしていた。
- 家具や障子などについたほこりは、はたきでパタパタはいて落とし、障子をあけて部屋の外へ出した。

電気掃除機が登場した

国産初の電気掃除機 / ごみをためておく袋 / 広まったころの電気掃除機

はじめのころは、大学を出た人のお給料半年分の値段だったのよ。

- 国産初の電気掃除機は、写真のように立てて、手でおして使った。すいこんだごみは袋にたまるしくみだ。
- 1953（昭和28）年ごろから広まりはじめた。洗濯機なども広まりはじめたこの年は、「電化元年」とよばれている。

📖 ほうきを使うときには、ほこりが立たないよう、お茶がらや、ぬらした新聞紙をちぎってまき、ごみといっしょにはいたりした。

掃除の道具といえば、昔はほうきやはたきだった。電気掃除機は80年ほど前に登場し、太平洋戦争後になって広まった。今はコードがじゃまにならないコードレス掃除機や、自分でごみをさがしてすいこむロボット掃除機も使われている。

★……1982年ごろ 紙パック式の掃除機が登場　★……2000年 コードレス掃除機が登場
　　　　　　　　　　　　　　　　　　　　　　★……2002年 ロボット掃除機が登場

コードレスになり、より手軽に

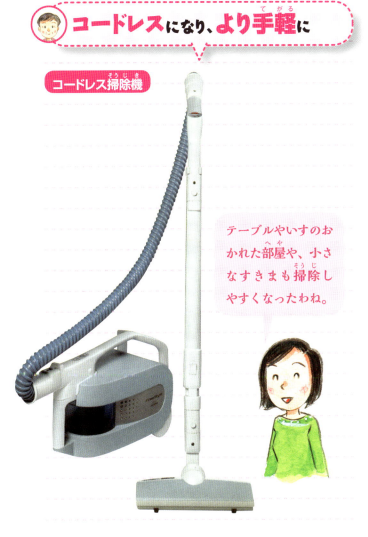

コードレス掃除機

テーブルやいすのおかれた部屋や、小さなすきまも掃除しやすくなったわね。

- 充電しておいて、コンセントにつながずに使える掃除機。
- コードを家具に引っかけたりすることがなくなった。また、部屋を移動するときに、そのたびにコンセントにつなぎなおさなくてもよくなった。

ロボット掃除機も使われるように

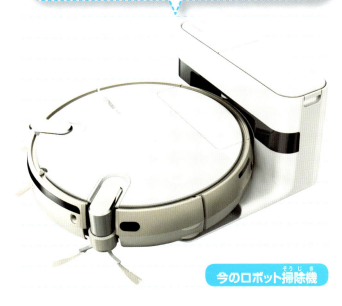

今のロボット掃除機

ほうっておいても、自分で掃除をしてくれるんだね。

- 掃除をしたい部屋に持っていき、スイッチをおすだけで、自分で動きまわって掃除をしてくれるロボット。
- ただ、掃除機が進化した今も、細かいところの掃除には、昔ながらのほうきも役に立っている。

衣・住生活

風呂（ふろ）

| 明治時代 | 大正時代 | 昭和時代 | 太平洋戦争 | 高度経済成長期 |

1912年 / 1920 / 1926年 / 1930 / 1940 / 1950 / 19…

薪でわかす風呂

ガスでわかす風呂

★……1910年 ガスでわかす風呂が登場

薪でわかしていた

鉄砲風呂／手桶／煙突／木の板／浴槽／釜／五右衛門風呂／風呂釜につながっている

風呂をわかすのは子どもの仕事。いい湯かげんにわかすのは、けっこうたいへんだったんじゃ。

● 鉄砲風呂は、木の浴槽に釜がついた風呂。たき口とつなげた風呂釜で薪を燃やした。
● 五右衛門風呂は、鉄の釜の上に木の浴槽をおき、木の板をしずめて入る風呂。この浴槽の下にたき口があり、薪を燃やした。

ガスの火でわかすようになった

ガス釜の風呂

とても便利になったんだけど、このころはそもそも、風呂のある家が少なかったんだって。

● ガスの火でわかす風呂ができて、薪がいらなくなり、つきっきりで火かげんを見ていなくてもよくなった。
● ガスになっても、浴槽はヒノキでつくったものがよいと、こだわる人も多かった。
● ただ、このころは、公衆浴場（銭湯）に通う人が多かった。

4月26日は「よい風呂の日」、11月26日は「いい風呂の日」。どちらも数字の語呂合わせからきている。

昔の風呂は薪でわかしていた。60年ほど前から日本各地に団地や鉄筋のアパートがふえ、そこではガスでわかす風呂がおかれるようになった。シャワーを家で浴びられるようになったのは、40年ほど前からのことなんだ。

1970	1980	1989年	2000	2010
（くらしがきゅうに大きくかわったころ）	昭和時代		平成時代	

バランス釜の風呂

コンピューター制御の風呂

★……1964年 バランス釜が開発される／ユニットバスが登場
★……1970年ごろ 家庭用のシャワーが登場
★……1984年 コンピューター制御の風呂が登場

シャワーつきのガス釜が登場

バランス釜の風呂

シャワー

家ごとに風呂がおかれるようになって、シャワーも40年ほど前から広まったのよ。

- バランス釜は、浴槽からすいこんだ水を、ガスで熱くしたパイプに通してあたためるしくみの風呂。それまでの風呂よりも短い時間でわかせるようになった。
- このころからプラスチック製の浴槽も使われだした。

コンピューターつきの風呂も

リモコン
タイマーでわかしたり、浴室の中の空気を入れかえたりできる

手すり

コンピューター制御の風呂

好きな時間に、好きな湯かげんのお風呂に入れるね。

- コンピューターつきの風呂は、コンピューターで好みの温度の湯をはったり、わかしたりすることができる。
- お年よりなど向けに、浴室に手すりをつけたり、入る前に浴室の中を自動であたためたりするくふうも進んでいる。

衣・住生活

からだをあらう道具

1890年 国産初の化粧石けんが登場
★……1926年 国産のシャンプーが登場
★……1930年 液体のシャンプーが登場

米のぬかなどであらっていた

ぬか袋 / ヘチマ / 軽石 / 炭

ヘチマやぬか袋、軽石は今でも使われているんじゃよ。

- ぬか袋は、布の袋に米のぬかをつめたもの。これでからだをこすると、肌がしっとりするという。
- ヘチマは、ヘチマの実のせんいをほしたもの。かためのスポンジのようなもので、からだをこするのに使った。
- 軽石や炭は、足の裏などをみがくのに使った。

石けんが売りだされた

木箱入りで売られるほどの高級品だった

国産初の化粧石けん

手ぬぐいとたらい

石けんは花のかおりがして、気持ちいいわね。

- 1890(明治23)年に、からだをあらう国産の化粧石けんが登場した。
- 当時の石けんは皮膚の病気を予防する薬として使われていた。
- 当時は値段の高い高級品だった。値段が下がり、広く使われるようになるのは発売後40年ほどたってから。

石けんが日本に伝わったのは500年ほど前。でも、ふつうの家で使われるようになったのは今から80年ほど前のこと。今はシャンプーやリンス、洗顔フォームにボディーシャンプーなど、さまざまな石けんが使われているね。

| 1970 | 1980 | 1989年 | 2000 | 2010 |

（くらしがきゅうに大きくかわったころ） / 昭和時代 / 平成時代

リンスなど
★……1965年 家庭用のリンスが登場
★……1980年ごろから 洗顔フォームやボディシャンプーが広まる

シャンプーが登場した

登場したころのシャンプー

タオル

シャンプーができるまで、石けんで頭をあらっていたんだって。

- 登場したころのシャンプーは粉末だった。髪につやをあたえる成分を加えてつくられていた。その後、液体のシャンプーも売りだされた。
- このころまで、髪をあらうのは、1週間に一度くらいだった。

リンスや顔専用の石けんも

リンス　洗顔フォーム　ボディシャンプー

ボディタオル

今はいろんな種類があって、自分の肌にあったものが使えるのよ。

- リンスは50年ほど前に家庭用のものが登場したが、それまではおもに美容院で使う高級な化粧品だった。
- 洗顔フォームやボディシャンプーは30年ほど前に登場し、若い女の人を中心に広く使われるようになった。
- ボディシャンプー用のタオルやスポンジも使われている。

トイレ

衣・住生活

| 明治時代 | 大正時代 | 昭和時代 | 太平洋戦争 | 高度経済成長期 |

1912年 / 1920 / 1926年 / 1930 / 1940 / 1950 / 19(60)

 くみとり式・木製便器

くみ取り式・陶器の便器

水洗式

……明治時代の中ごろ 陶器の便器が登場

★……大正時代から 白い陶器の便器が広まる

★……1934年 東京市でくみ取りがはじまる

1951年 バキュームカーが登場……★

和式で木製のくみ取り式

こえびしゃく

木の便器

下の穴につぼがうめてあり、そこにたまると、こえびしゃくですくって、こえたごに入れて運ぶ

こえたご

こえたごとこえびしゃく

ウンチが肥料になっていたなんて、究極のエコだね。

- 昔の和式便器は木でできていた。
- 便器の下に穴をほってウンチやオシッコ（まとめて尿尿という）をため、こえたごで畑のわきのこえだめに運んだ。大きなまちに農家の人が尿尿を買いにくることもあった。
- 50年ほど前まで、農家では尿尿を肥料にして使った。

和式で陶器のくみ取り式

陶器の便器

（明治時代のもの）

落とし紙

おしりをふく紙

バキュームカー

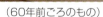

（60年前ごろのもの）

陶器の便器は、木製の便器よりも、よごれを落としやすいんじゃ。

- 最初のころ、陶器の便器は値段も高く、かぎられた人しか買えなかった。写真のように美しいもようがついていた。
- 80年前ごろから市町村による尿尿の処理もはじまった。こえびしゃくでくみ取って荷車で運び、海に流していた。太平洋戦争後にはバキュームカーが登場した。

11月19日は「世界トイレの日」。11月10日は「いいトイレの日」。

昔からの日本のトイレは和式といって、腰をかけない。腰かけ式のトイレは洋式といい、明治時代に西洋から入ってきた。今は、水洗式で洋式のトイレがふつうになった。おしりをあらってくれたり、便座をあたためたりするものもある。

| 1970 | 1980 | 1989年 | 2000 | 2010 |

（くらしがきゅうに大きくかわったころ） 昭和時代 ／ 平成時代

温水洗浄便座
★……1980年 温水洗浄便座が登場
………1960年ごろから 水洗式トイレが広まる
★……1970年ごろから 洋式トイレが広まる
★……1977年 洋式トイレの数が和式トイレの数をこえる

洋式で水洗式が広まった

洋式の水洗トイレ

タンク

水洗式にかわって、においがずいぶんへったし、ハエもいなくなったのよ。

- 水洗式トイレとは、タンクにためた水を使って、屎尿ごと下水に流す方式のトイレ。
- 洋式トイレはいすに腰かけるように使うので、せまい場所でも設置でき、団地などから広がった。

おしりをあらってくれるトイレも

今のトイレ

今のトイレではついつい、くつろいでしまうね。

- 用がすんだ後に、温水でおしりをあらってくれるのが温水洗浄便座。1980（昭和55）年に売りだされて広まった。
- 今は、便座を電気であたためるものや、便座から立ちあがると自動で水を流すものなどもある。
- 流す水の量をへらす節水などのくふうも進んでいる。

夏をすずしくする道具

衣・住生活

| 明治時代 | 1912年 大正時代 | 1926年 昭和時代 | 1930 1940 太平洋戦争 | 1950 高度経済成長期 | 19 |

うちわなど

 電気扇風機

クーラー

……1894年 国産初の電気扇風機が登場

1952年 国産初のクーラーが登場……★
1961年 冷暖房エアコンが登場（→65ページ）……

うちわやすだれを使っていた

- せんす
- うちわ
- すだれ
- バケツとひしゃく

電気の力を使わなくても、昔はけっこうしのげたもんじゃ。しかし最近の夏は暑いなあ。

- 風通しをよくしたり、日光をさえぎったり、水や氷を使うことで、すずしくすることができる。
- うちわやせんすは、あおいで風を送る道具。すだれはのき下につるして、日光をさえぎる道具。
- 打ち水は、バケツやひしゃくを使って、道路や庭に水をまいてすずしくするくふうだ。

電気扇風機が登場した

電球がついていた

国産初の電気扇風機

登場したころは「電気扇」とよばれていたんですって。

- 電気扇風機は、スイッチをおすと羽が回り、風を送ってくれる。しくみは今のものとかわらない。
- 国産初の電気扇風機は、上に電球がついていて、電気スタンドとしても使うことができた。
- 登場から20年ほどして、値段が安く、性能のよいものが発売されたことで、多くの家に広まった。

「せんす」は漢字では「扇子」と書く。「扇」の一字だけだと「おうぎ」と読む。

今はエアコンが多く使われているけれど、昔はどうやって暑さをしのいでいたんだろう？　うちわであおいだり、すだれで日かげをつくったりと、いろいろにくふうしていた。水をまいてすずしくする打ち水もしていた。

★……1978年 コンピューター制御のエアコンが登場

クーラーが登場した

国産初のクーラー

部屋の中の空気を、電気の力で冷やすようになったのね。

- 部屋の中全体を冷やす道具。登場したころは値段が高く、また場所をとることから、おもに店や会社で使われた。
- はじめのころは窓にはめこんで使っていた。今の室外機に当たる部分も一体になっていた。
- クーラーが登場して10年もしないうちに、冷房と暖房の両方ができるエアコンが売りだされた。

コンピューターですずしさを調節

今のエアコン

いろいろな機能が自動になったんだね。

- 今は、冷房も暖房もできるエアコンをよく使う。コンピューターが内蔵され、部屋の温度や、人がいる場所を感知して、風の送り方を調節する。
- 中のフィルターを自動で掃除できる機能つきのものもある。
- 室外機を通じて、部屋の中の暑い空気を外に出すので、その分、外は暑くなる。

63

部屋をあたためる道具

衣・住生活

| 明治時代 | 1912年 大正時代 | 1926年 昭和時代 | 1940 太平洋戦争 | 1950 高度経済成長期 |

いろり

石炭ストーブなど

- 明治時代 北海道・東北などで石炭ストーブ・薪ストーブが使われはじめる
- ★……明治時代の終わりごろ ガスストーブが広まりはじめる
- ★……1915年 電気ストーブが登場　★……1929年 電気ごたつが登場
- 1955年ごろから 石油ストーブが広まる……★

いろりであたたまっていた

いろり

火鉢

炭ごたつ

いろりは、家の中でたき火をしているようなものじゃ。煙も出たし、火の粉も飛んだなあ。

- いろりは、薪や炭を燃やして部屋をあたためる、暖房の道具でもあった。家族みんなでいろりをかこんだ。ただ、火にあたっていない背中は寒いので、みな厚着をしていた。
- 火鉢も炭を使う道具。持ちはこびできるのが便利だった。
- 昔は、こたつにも炭を使っていた。

ストーブが登場した

石炭やコークスを入れる／石炭／火をつけるところ／石炭ストーブ／ガスストーブ

電気ストーブ

石炭やガスで部屋をあたためるようになったのよ。

- 石炭ストーブは石炭やコークス、ガスストーブは都市ガスやプロパンガスをそれぞれ燃やしてあたたまった。
- 電気ストーブは、燃料を燃やすわけではないので、部屋の空気はよごれない。
- 昭和時代になると、電気ごたつも登場した。

昔は、いろりや火鉢など、家の中で薪や炭を燃やして、あたたまっていた。その後、くらしの変化とともに、部屋全体をあたためるストーブが広まった。今では、エアコンが広まり、床暖房も使われている。

1970	1980	1989年	2000	2010
(くらしがきゅうに大きくかわったころ)	昭和時代		平成時代	

石油ストーブ エアコン

★……1961年 冷暖房エアコンが登場　　★……1978年 石油ファンヒーターが登場
★……1965年 床暖房が登場

石油ストーブが広まった

国産初の石油ストーブ

石油ファンヒーター

1955（昭和30）年ごろから、暖房の燃料は薪や石炭から石油へとうつりかわったんだ。

- 石油（灯油）を燃やして部屋をあたためるストーブは、火力が強くて操作がかんたんなので、すぐに広まった。
- つけてしばらくすると、部屋の空気がよごれてくるので、窓を開けて換気をしなければならなかった。
- その後、温風がふきだす石油ファンヒーターも登場した。

エアコンが登場した

登場したころのエアコン

室外機

床暖房

エアコンだと、あたためるのも、ひやすのも1台でできるようになったんだね。

- エアコン（エアコンディショナー）は、クーラー（→63ページ）に暖房の機能がついたもの。
- 今のエアコンは、人のいる場所を感知して、風の強さや温度を調節してくれる（今のエアコンの写真は63ページ）。
- 床暖房も50年ほど前に登場。足もとからあたたまるので、小さい子どもやお年よりのいる家で人気がある。

衣・住生活

懐炉（かいろ）

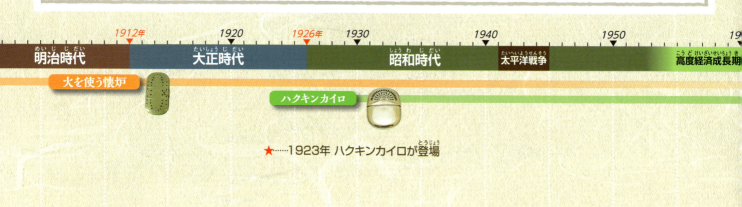

1912年　1920　1926年　1930　1940　1950　19

明治時代　大正時代　昭和時代　太平洋戦争　高度経済成長期

火を使う懐炉

ハクキンカイロ

★……1923年 ハクキンカイロが登場

ゆっくり燃やしてあたたまっていた

昔の懐炉

懐炉灰（かいろばい）
これに火をつける

とてもあたかかったけれど、とちゅうで消すのがむずかしかったな。

- 懐炉灰といって、木の灰と炭をねってかためたものを燃料に使っていた。一度火をつけると、じわじわ長く燃えた。
- 金属のケースにこの懐炉灰を入れ、さらに、布の袋にくるんでふところに入れていた。

長もちする懐炉が登場

ハクキンカイロ

一度あたたかくなると、丸一日もつから、たすかるって、母がいってたわ。

- 石油からとったベンジンは、白金という金属にふれると熱を出す。このしくみを利用した懐炉。ベンジンと白金のはたらきをよくするため、最初だけ火をつけていた。
- これもそのままでは熱いので、袋に入れて身につけていた。

懐炉が登場する前は、石を火であたためてぼろ布にくるんだ「温石（おんじゃく）」が使われていた。

寒い冬、仕事で外に出かけたり、スキーやスケートに出かけるときは、懐炉がほしいよね。昔から、どうしたら、長い間あたたかくいられるか、さまざまなくふうがされてきた。今では使い捨てや充電式の懐炉もあるよ。

1970	1980	1989年	2000	2010
(くらしがきゅうに大きくかわったころ)	昭和時代		平成時代	

使い捨て懐炉

★……1978年 使い捨て懐炉が登場

充電式懐炉

★……2006年 充電式懐炉が登場

使い捨ての懐炉が登場

初の使い捨て懐炉

懐炉といえば、ぼくが思いうかべるのはこれだね。

- 鉄は、さびるときに熱を出す。この性質を利用した懐炉で、中には鉄の粉が入っている。くりかえし使うことはできない。
- 今はパッケージをやぶって取りだすだけで熱が出るが、はじめのころはふったり、もんだりすることで鉄の粉を空気にふれさせ、熱を出していた。

充電式懐炉が登場

充電式懐炉

電気だと、スイッチをつけたり消したりできるから、むだがないよね。

- 電気であたたまるしくみの懐炉。
- コンセントやパソコンにつないで充電して使う。1回の充電で3〜4時間あたたかい。
- 懐炉灰を使った懐炉や、ハクキンカイロのように、くりかえし使える。

67

寝るときの道具

衣・住生活

| 明治時代 | 1912年 大正時代 | 1926年 昭和時代 | 1940 太平洋戦争 | 1950 高度経済成長期 |

むしろ・ござ

ふとん

……明治時代の中ごろから　綿のふとんが広まりはじめる
……明治時代後半から　ふつうの家に押し入れがつくられはじめる

1956年 ソファベッドが登場……★

むしろをしいて寝ていた

着物

むしろと板の間

綿のふとんが広まった

夜着

綿のふとん

ふとんは600年ほど前に登場したといわれているが、ふつうの家では手のとどかない高級品だったんじゃ。

ずいぶん寝ごこちがよくなっただろうね。

- ふつうの家にふとんが広まる前は、上の絵のように、板の間にむしろやござをしいて寝るのがふつうだった。
- むしろやござの下に、わらやもみがら、海藻などをしくこともあった。
- かけぶとんのかわりに着物をかけることも多かった。

- 明治時代の中ごろになると、値段の安い綿が中国やインドから入ってきて、ふつうの家にもふとんが広まりはじめた。
- 同じころ、たたみもふつうの家に広まった。
- かけぶとんのかわりに、「夜着」とか「かいまき」とよばれる綿入りの着物などをかけて寝ることもあった。

ふつうの家にふとんが広まりはじめたのは100年ほど前から。それまでは床にむしろをしいたりして寝ていた。太平洋戦争が終わり、くらしが洋風になってきたころからベッドが広まりはじめ、今ではベッドのある家のほうが多くなっている。

1970	1980	1989年	2000	2010
(くらしがきゅうに大きくかわったころ)	昭和時代		平成時代	

ベッド
★……1963年 国産初の本格ベッドが登場
★……1980年ごろ 電動の介護用ベッドが登場

ベッドが広まった

ソファベッド

昼間ははなしてソファとして使った

国産の本格ベッド
（登場したころのもの）

ベッドは、たたまなくてもいいから楽なのよね。

- ベッドは明治時代にはすでに外国から輸入されていたが、使うのは病院やホテルなどにかぎられていた。
- 60年ほど前に写真のソファベッドが登場し、家庭にもベッドが広まるきっかけになった。夜はベッド、昼はソファとして使えるので、日本のせまい部屋に合っていた。このころからくらしの洋風化が進んだ。

 介護用のベッド

- 今、もっともベッドが活躍しているのはお年よりの介護。食事などのときに背をおこす機能や、立ち上がるささえになる手すりのついたベッドが広まっている。
- 電動で高さを上げ下げできるベッドも多い。お年よりを車いすからベッドにうつしたり、だきおこしたりするときに、介護する人がからだをいためないようにするためだ。
- お年よりが寝がえりをうてるようにする機能がついたものもある。ずっと同じ姿勢で寝ていると、血のめぐりが悪くなり、からだの調子が悪くなるからだ。

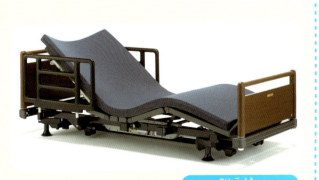

今の介護用ベッド

かさ

明治時代　1912年　大正時代　1920　1926年　昭和時代　1930　1940　太平洋戦争　1950　高度経済成長期　196

和がさ

洋がさ

1880年ごろ 洋がさが国産化される

洋がさは、おしゃれで便利な道具として広まった

1954年 折りたたみがさが広まる……★

1960年 ワンタッチがさが登場……★

和がさを使っていた

番がさ　紙でできている

蛇の目がさ

柄　骨

どちらも竹でできている

番がさをたたんだところ

昔、日本で使われていたかさじゃ。洋がさが入ってきた後も、長いあいだふつうに使われていたんじゃ。

- 紙でできていたが、水をはじくために、カキの実からとる「柿渋」や、植物の油を紙の上にぬっていた。
- 番がさはふだんに使われ、蛇の目がさは女の人のよそゆきに使われた。「蛇の目」という名前は、色のちがう2枚の紙をはりあわせたようすが、ヘビの目のように見えるからだ。

洋がさが登場した

洋がさをさした人

洋がさをつくるようす
（1879年の絵）

黒くて、開いた形がコウモリに似ていたから「こうもりがさ」ってよばれたのよ。

- 洋がさはヨーロッパから伝わったかさで、和がさでは紙だった部分が布、骨の部分が金属でできていた。
- 洋服とともに、だんだんに広まった。ただ、多くの人にふつうに使われるようになったのは50年ほど前からだ。

日傘をあらわす「パラソル」の「ソル」は太陽、「パラ」はふせぐで、「太陽をふせぐもの」というラテン語からきている。

日本では昔から、竹と紙でつくる和がさが使われてきた。明治時代に布と金属でできた洋がさが登場。今、使っているワンタッチがさや折りたたみがさは太平洋戦争後に出てきた。

ワンタッチがさなどが登場

折りたたみがさ

ワンタッチがさ
ボタン

今、学校や家で使っているかさと同じになったんだね。

- ワンタッチがさは、手元のボタンをおすだけで開くかさ。
- 折りたたみがさは、ワンタッチがさの数年前から広まった。折りたたんでカバンに入れておけるので、持ちはこびが便利になった。

強風などにたえられるかさも

耐風がさ
ひっくりかえってもすぐにもとの形にもどすことができる

熱や光、紫外線をさえぎる布地でできている

熱をさえぎるかさ

最近は大きな台風がきたり、猛暑がつづいたりしているからなあ。

- 耐風がさは、骨組みにくふうがされていて、台風などの強い風でかさがひっくりかえっても、すぐにもとにもどせる。
- 最近は夏の猛暑が問題になっている。熱をさえぎるかさは太陽の熱や、浴びすぎると有害な紫外線をさえぎってくれる。

衣・住生活

体温計

| 明治時代 | 1912年 大正時代 | 1926年 昭和時代 | 太平洋戦争 | 高度経済成長期 |

水銀の体温計

……1858年 ドイツで体温計が病気の人に使われるようになる
……1883年 国産初の体温計が登場

手で体温をはかった

今でも、かぜをひくと、おとなの人がひたいに手をあてて「あれ！ 熱がある」とかいうじゃろ。

● 体温計が日本で使われるようになったのは、およそ130年前のことだ。
● 体温計がなかったころ、病気の人の体調をみるには、手首にふれて脈拍をはかったり、からだに手をふれて、ふだんより熱が高くないか、たしかめたりしていた。

体温計が使われるようになった

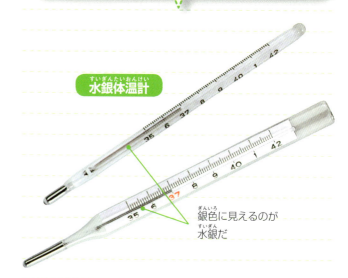

水銀体温計

銀色に見えるのが水銀だ

昔の体温計は、ガラスでできていたんだね。

● ガラス管の中に水銀を入れ、目もりをきざんだもの。熱であたたまると水銀がふくらんで、体温をさししめすしくみだ。
● はかり終わるまでに3〜5分かかった。
● 水銀がからだに悪いことがわかり、今はほとんどつくられていない。

わたしたちの体温はふつう36℃〜37℃くらい。かぜをひいたりすると、体温は急に高くなる。この体温の変化をはかって、体調を調べるのが体温計だ。体温計は水銀体温計からはじまり、今は1秒ほどではかれる赤外線式体温計まである。

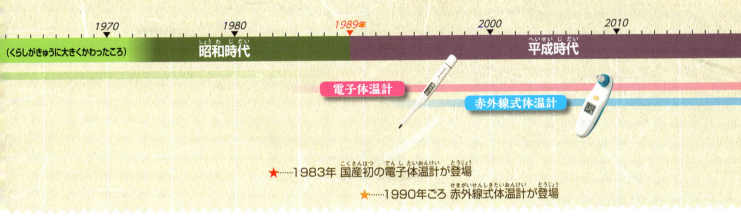

★……1983年 国産初の電子体温計が登場
★……1990年ごろ 赤外線式体温計が登場

電子体温計が登場

1秒ではかれる体温計が登場

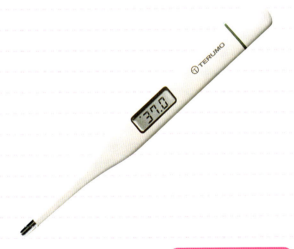

ここを耳にあててはかる

国産初の電子体温計

赤外線式体温計

はかり終わると、ピッピッと音がして、教えてくれるのよ。

じっとしていない赤ちゃんの熱をはかるのにも便利よね。

- 電気で動く体温計で、センサーを使って体温をはかる。
- 水銀体温計では3〜5分かかっていたものが、1分ほどではかれるようになった。
- 本体はプラスチックでできていて、はかった体温はデジタルでひょうじされる。

- 人間のからだから出ている、赤外線という目に見えない光を感じとってはかる体温計。
- 耳やひたいにあてて、わずか1秒ほどではかることができる。
- 最近は、からだにふれなくてもはかれるものも出てきた。

衣・住生活

体重計（たいじゅうけい）

| 明治時代 | 1912年 | 大正時代 | 1926年 | 1930 昭和時代 | 1940 太平洋戦争 | 1950 | 1960 高度経済成長期 |

台はかり　　　　　　　　　針の体重計

……1890年ごろ 台はかりの体重計が登場
　　1900年ごろ 針の体重計が登場
★ 1930年ごろ 針の体重計が広まる
　1959年 家庭用体重計が広まりはじめる……★

👴 人にはかってもらっていた

台はかり
（提供：東大阪市鴻池新田会所）

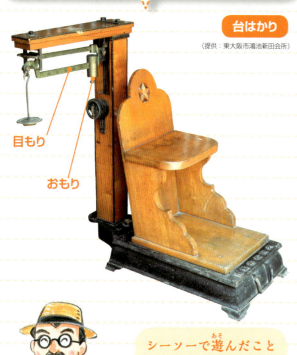

目もり
おもり

シーソーで遊んだことはあるよね。形はぜんぜんちがうけど、しくみはあれと同じなんだ。

- おもりを使った体重計。おもりの位置を手で調節し、つりあったところの目もりを読みとってはかった。
- 一人ではかるのはむずかしく、はかってもらう人はいすにこしかけ、別の人が目もりを読んでいた。
- 写真の体重計のおもりや目もりには、kgとともに、貫や匁という昔の重さの単位（→170ページ）も書かれていた。

👵 自分ではかれるようになった

針の体重計

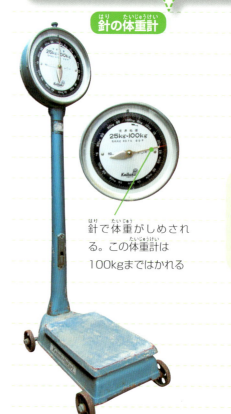

針で体重がしめされる。この体重計は100kgまではかれる

体重なんて、年に一度の身体検査ではかるだけだったわ。

- 台にのると自動で針が動いて、重さをしめす体重計。
- 自分ではかることができ、のればすぐに重さがわかるようになった。
- 学校の保健室や病院、銭湯などにおかれていた。大きくて重く、場所をとるものだった。

74　📖 体重計が2台あれば、体重計の目もりをこえる重さの人もはかれる。片足ずつのせて、2台がしめす重さを足せばいい。

今も昔も、体重は成長と健康を知る手がかりだ。昔は、体重は学校や病院ではかるものだったが、今はたいていの家に体重計があり、毎日、気軽にはかれるようになった。からだの中の脂肪や筋肉、骨の量まではかれる体組成計も広まっている。

| 1970 | 1980 | **1989年** | 2000 | 2010 |

〈くらしがきゅうに大きくかわったころ〉　　　　　　　　　　　**平成時代**

家庭用体重計

体脂肪計つき体重計など

★……1982年　家庭用デジタル式体重計が登場
★……1994年　家庭用の体脂肪計つき体重計が登場
2003年　家庭用の体組成計つき体重計が登場……★

家ではかれるようになった

家庭用体重計

家でも、気軽にはかれるようになったんだね。

- 家庭で使うための小型の体重計。
- 最初は写真のように針でしめされるものだったが、のちにデジタル式の体重計が登場した。
- 肥満が健康によくないとされ、体重をチェックすることがたいせつになってきた。

脂肪の量などもはかれるように

初の体脂肪計つき体重計

体組成計つき体重計

病院に行かなくても、いろいろはかれるようになってきたんだな。

- 体脂肪計では体内の脂肪の量を、体組成計では体内の脂肪だけでなく、筋肉や骨の量などもはかることができるようになった。
- 脂肪が多すぎると健康によくないという考え方が広まるとともに、家庭でもこうした体重計が使われるようになってきた。

衣・住生活

歯ブラシ

| 明治時代 | 1912年 大正時代 | 1920 | 1926年 | 1930 昭和時代 | 1940 太平洋戦争 | 1950 高度経済成長期 | 19 |

房ようじ

動物の毛の歯ブラシ

……1888年 国産のねり歯みがきが登場　　★……1923年 子ども用歯ブラシが登場　★……1938年 ナイロン毛の歯ブラシがアメリカで登場
★……1903年 国産の歯ブラシが登場　　　　　　1948年 虫歯予防成分入りの歯みがき剤が登場……★
　　　　　　　　　　　　1930年ごろから 粉歯みがきが広まる……★　　1951年 国産のナイロン毛の歯ブラシが登場……★

木の枝でみがいていた

みがき砂売り
（「百眼の米吉」歌川豊国画）

房ようじ
〈「風俗三十二相」（部分）月岡芳年画〉

今の歯ブラシとくらべると、細かいところはみがきにくかったようじゃ。

- 房ようじは、木の先をつぶして歯ブラシのようにした道具。
- これにみがき砂をつけてみがいていた。みがき砂は、細かい砂に、よいかおりのする香料をまぜたものだった。
- この房ようじは大正時代まで使われていた。

歯ブラシが登場した

大正時代の歯ブラシ

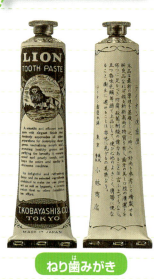

ねり歯みがき
（1922年のもの）

形は今のものとほとんどかわらないんだね。

- はじめのころの国産の歯ブラシは、イギリス製の歯ブラシを手本に、ブラシはブタの毛、柄はウシの骨でつくられた。
- 国産の歯みがき剤は130年ほど前に登場した。おもに使われたのは粉歯みがきだが、飛びちったりむせたりすることから、だんだんにねり歯みがきへとかわっていった。

📖 11月8日は「いい歯の日」。「い(1)い(1)歯(8)」という語呂合わせで定められた。

あまいケーキやチョコレートのなかった昔も、むし歯にならないよう歯みがきはしていた。歯みがきの道具は、木の先をつぶした房ようじから、歯ブラシへとうつりかわり、今は電気の力でみがける電動歯ブラシも使われている。

（くらしがきゅうに大きくかわったころ）	1970	1980	**1989年**	2000	2010
		昭和時代		平成時代	

ナイロン毛の歯ブラシ　　電動歯ブラシ

★……1965年ごろ　歯ぐきの病気を予防する歯みがき剤が広まりだす
　★……1970年　ラミネートチューブ入りの歯みがき剤が登場
　　★……1981年　日本初の電動歯ブラシが登場

ナイロン毛の歯ブラシが登場

ねり歯みがき（今のもの）

ナイロン毛の歯ブラシ（今のもの）

ナイロンの歯ブラシは、水にぬれても、かわくのがはやいからいいね。

- ナイロンはアメリカで発明された化学せんい。しなやかでじょうぶなので、歯ブラシの毛に使われるようになった。
- 歯みがき剤は、同じころから、むし歯の予防に役立つ成分入りのものなどが続々と登場した。
- 子どもの口の大きさに合った歯ブラシも数多くでてきた。

電動歯ブラシも登場

今の電動歯ブラシ

みがいている時間を表示してくれる

短い時間できれいに歯をみがくことができるというので、人気がでたのよね。

- 電気の力で細かく動いて、歯をみがいてくれる。
- 肌にあてて細かく動く電動ひげそり機の技術をいかして開発された。
- 今は、歯みがきをするとスマートフォンにデータが送られ、みがき方のアドバイスなどが受けられるものもある。

子ども用のくつ

衣・住生活

| 明治時代 | 大正時代 | 昭和時代 | 太平洋戦争 | 高度経済成長期 |

1912年　1920　1926年　1930　1940　1950　19

げた・ぞうり

ズック・上ばきなど

1950年ごろから ズックや上ばきが広くはかれるようになる……★

げたやぞうりをはいていた

げた

わらぞうり

日本の伝統的なはきものじゃ。きみたちのおじいさん、おばあさんが子どものころまで、ふつうにはいていたんじゃよ。

- げたは木でできたはきもの。
- わらぞうりは、わらであんだサンダルのようなはきもの。
- どちらもすぐにぬいだり、はいたりできるので、はきものをぬいで上がる日本の家に合う。また、むし暑い夏でも、足がむれにくい。

ズックや上ばきが広まる

ズックぐつ（今のもの）

ゴム短

上ばき（今のもの）

ズックぐつは今でも小さい子たちがはいているわね。

- ズックぐつは布とゴムでできていて、かんたんにはけるくつ。太平洋戦争後に広くはかれるようになった。
- つくりはズックぐつと同じで、色がちがうのが学校用上ばき。これもズックぐつと同じころから広まった。
- ゴム短はゴム製のズック。50年ほど前まではかれていた。

ビーチサンダルは、じつは日本のぞうりがもとになっている。1952（昭和27）年にアメリカ人と日本人の技術者が開発した。

子どものはきものは、げた・ぞうりからズックぐつ、そして今みんながはいているようなスポーツシューズへとうつりかわった。昔はお下がりが多かったけれど、今は成長にあわせたさまざまなくつを、一人ひとりが買ってもらえるようになった。

| 1970 | 1980 | 1989年 | 2000 | 2010 |

（くらしがきゅうに大きくかわったころ） | 昭和時代 | 平成時代

キャラクターつきズック

スポーツシューズ

★……1975年ごろから スポーツシューズがはやりはじめる
★……1965年ごろから キャラクターつきのズックがはやる

キャラクターつきのズックがはやる

キャラクターつきのズックぐつ

小学生のほとんどが、お気に入りのキャラクターつきのズックぐつをはいていたわね。

- 世の中がどんどんゆたかになっていった50年ほど前から、テレビアニメのキャラクターをあしらったズックぐつが、小学生のあいだで人気をよぶようになった。

スポーツシューズがはやる

今のスポーツシューズ

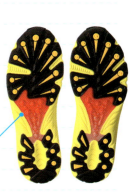

底
カーブを走るときに、内側に力がかかりやすい形になっている

学校に行くときもはけるし、運動会でも速く走れるくつが多くなってきたね。

- 40年ほど前から、ズックぐつにかわって、より動きやすく走りやすいスポーツシューズを、男の子も、女の子もよくはくようになった。
- 10年ほど前からは、より速く走るための特別なくふうがされたスポーツシューズも出てきた。

カメラ

学習・遊び

| 明治時代 | 大正時代 | 昭和時代 | 太平洋戦争 | 高度経済成長期 |

1912年　1920　1926年　1930　1940　1950

乾板・フィルムカメラ

- 1848年　日本にカメラが伝わる
- 1885年　アメリカでフィルム発売
- ★ 1903年　国産初のカメラが登場
- ★ 1935年　アメリカでカラーフィルムが登場
- ★ 1935年　国産初の白黒フィルムが登場
- ★ 1940年　国産初のカラーフィルムが登場

国産のカメラが登場した

乾板

当時の写真は白黒だった

国産初のカメラ

日本にカメラが伝わったのは170年ほど前。その60年ほど後になって、国産のカメラが登場したんじゃ。

- レンズを通して集めた光を、乾板という板に写していた。
- 乾板とは、光を感じる薬品をぬったガラスなどの板。
- 白黒で写していた。また、乾板は一度に数枚しかカメラにセットすることができず、連続しての撮影はむずかしかった。

フィルムでとるようになった

当時のカメラ

ロールフィルム

国産初のカラーフィルム

レンズのまわりのわくを手で回して、ピントを合わせてとっていたんだ。

- カメラは小型になり、乾板にかわって、ロールフィルムがおもに使われるようになった。
- ロールフィルムは、光を感じる薬品をぬったセルロイドなどをまいたもの。ロールになっているので、連続しての撮影がやりやすくなった。

写真は、フィルムを使ってとり、写真屋へもっていって、紙に焼いてもらっていた。今は、デジタルカメラが中心で、とった写真をテレビや携帯電話、タブレットなどで見られるようになった。

1970	1980	1989年	2000	2010
（くらしがきゅうに大きくかわったころ）	昭和時代		平成時代	

デジタルカメラ

★……1975年 アメリカでデジタルカメラが開発される
★……1977年 オートフォーカスカメラが登場
★……1986年 世界初のレンズつきフィルムが登場
★……1999年 デジタルカメラつき携帯電話が登場

だれでもきれいにとれるようになった

ストロボ

オートフォーカスカメラ

レンズつきフィルム

ピントが自動で合うようになって、ストロボもついたから、わたしでもかんたんにとれるようになったわ。

- オートフォーカスカメラは、シャッターをおすだけで自動でピントが合うカメラ。
- レンズつきフィルムは、フィルムにレンズとシャッターがついたもの。カメラよりずっと値段が安く、旅行などで、気軽に使われた。

デジタルカメラが広まる

とる部分

記録する部分

最新型のデジタルカメラ

だれもが、いつでも気軽にとったり、写真を送ったりできるようになったんだね。

- レンズから入った光を、電気の信号にかえて記録するカメラ。
- フィルムのかわりにメモリーカード（→83ページ）を使うようになった。くりかえし保存したり消したりできるので、いっそう気軽に写真をとれるようになった。
- 写真をパソコンや携帯電話、スマートフォンでかんたんに送れるようになった。

ビデオカメラ

学習・遊び

明治時代 — 大正時代(1912年) — 昭和時代(1926年) — 太平洋戦争(1940) — 高度経済成長期(1950〜)

連続写真・映画(フィルム)　　8ミリフィルムカメラ

- 1879年 連続写真をもとにしたアニメーションがアメリカで上映される
- 1895年 フランスで映画が上映される
- 1923年 音声つきの映画がアメリカで登場
- 1932年 8ミリフィルムカメラが登場
- 1956年 ビデオ方式が開発される ★

動画がくふうされ映画に

連続写真

パラパラまんがをかいたことはあるかな？動画のしくみは、あれと同じなんじゃ。

- この連続写真はアメリカで撮影された。これをもとに1879（明治12）年、アニメーションがつくられ、上映された。
- それから15年ほどして、映画がフランスで登場した。
- 今の動画も、基本のしくみは、この連続写真とかわらない。少しずつちがう1枚1枚の画像が、ものすごいスピードで入れかわっていくことで、動いているように見せている。

家庭でとれるようになった

フィルム

映写機

8ミリフィルムカメラ

カメラでとったフィルムは、暗くした部屋で映写機を使って、スクリーンにうつしたんだ。

- 映画用のカメラは大きく重く、値段の高いものだったが、1932（昭和7）年、家庭でも使えるカメラが登場した。
- フィルムのはばが8mmだったことから、8ミリフィルムカメラとよばれた。広く使われるようになったのは、1965（昭和40）年ごろから。
- 撮影したフィルムをいったん写真屋に出し、現像してもらってから、映写機にかけて見ていた。

昔の動画は、一度きりしか使えないフィルムにとって、暗くした部屋でスクリーンにうつしていた。それがくりかえしとれる磁気テープになり、テレビで見られるようになった。今はメモリーカードにとって、インターネットにアップもできる。

	1970	1980	1989年	2000	2010

（くらしがきゅうに大きくかわったころ）　昭和時代　　　　　　　　平成時代

 8ミリビデオカメラ　　デジタルビデオカメラ

★……1965年　家庭用の8ミリフィルムカメラが登場
　　　　　　　　　★……1985年　8ミリビデオカメラが登場
1983年　デジタルビデオカメラが登場……★　　　　★……1995年　家庭用のデジタルビデオカメラが登場

とるのも見るのも楽になった

磁気テープ

8ミリビデオカメラ

テレビにつないで、見ることができるようになったんだ。

- くりかえしとれる磁気テープを使うビデオカメラ。これも、やはりテープのはばが8mmだったので、こうよばれた。
- とったテープのうつりぐあいをその場で確認できた。また、テレビにつないだビデオデッキで再生できるようになった。それまでの8ミリフィルムカメラのように、現像に出す手間がいらなくなった。

ネットにアップもできるように

デジタルビデオカメラ　メモリーカード　モニター

今はビデオカメラだけでなく、ゲーム機やスマートフォンでもとれるようになっているね。

- 今のビデオカメラは、メモリーカードなどにデジタル方式で動画を記録している。フィルムや磁気テープに記録した映像は、何度も再生するうちに画質が悪くなってしまっていたが、今はそうしたことがない。
- テレビだけでなく、パソコンや携帯電話、スマートフォンでも再生できるようになった。

音楽を楽しむ道具

| 明治時代 | 大正時代 | 昭和時代 | 太平洋戦争 | 高度経済成長期 |

1912年　1920　1926年　1930　1940　1950　19

蓄音機／レコードプレーヤー

・1877年　アメリカのエジソンが蓄音機を発明
　★……1907年　国産初の蓄音機が登場

1957年　ステレオ録音技術が開発される……★

蓄音機が登場した

ステレオセット

ハンドル

国産初の蓄音機　　レコード

ハンドルを回して、流れてくる音に、耳をかたむけたもんじゃ。

- 蓄音機は、レコードをかけて音を聞く機械。
- レコードは音を録音したもの。音を受けてふるえる針で、細かなみぞをきざみこんだものだ。聞くときには、このみぞに針の先をふれさせて音を出す。
- 1957（昭和32）年にはアメリカでステレオ録音技術が開発され、レコードの音がより生の音に近づいた。

カセットが登場した

カセットテープレコーダー

カセットテープ　　ウォークマン

好きな曲を、自分で録音できるようになったのがよかったよ。

- カセットテープレコーダーは、手のひらにのるくらいのカセットテープを録音・再生できる機械。
- レコードやラジオの番組などを、自分でカセットテープに録音して楽しめるようになった。
- カセットテープを歩きながら聞けるようにしたのがウォークマン。1979（昭和54）年に登場し、世界中で大ヒットした。

CDに収録できる時間はおよそ90分。ベートーベンの交響曲第9番「合唱」が、最後まで入るようにということで決められた。

レコードって見たことある？　大きな黒いプラスチックの円盤で、昔はこれをプレーヤーにかけて音楽を楽しんでいた。その後、カセットテープやCDが登場し、今はインターネットで音楽をダウンロードして聞くのがふつうになっている。

| 1970 | 1980 | 1989年 | 2000 | 2010 |

（くらしがきゅうに大きくかわったころ）　　昭和時代　　　　　平成時代

 カセットテープレコーダー
 CDプレーヤー
デジタルオーディオプレーヤー

★……1964年 カセットテープレコーダーが登場
　　★……1979年 ウォークマンが登場
　　　★……1982年 CDプレーヤーが登場
★……2000年ごろ デジタルオーディオプレーヤーが登場し広まる

デジタル録音になった

CDプレーヤー

CD
Compact Discの略。
音をデジタル信号にかえて記録する

ネットにつないで音楽が買える

デジタルオーディオプレーヤー

いい音を、長く楽しめるようになったんだね。

好きなときに音楽をダウンロードして、どこででも聞けるようになったんだね。

- CDは、音をデジタルの信号におきかえて記録したもの。このCDを聞くための機械がCDプレーヤー。
- レコードやカセットテープにくらべ、雑音がへった。
- 光を当てて音を読みとるので、音が悪くなりにくい。レコードは再生のときに針が、カセットは音を読みとるヘッドが直接ふれるので、何度も聞くうちに音が悪くなることもあった。

- 内蔵されたハードディスクやフラッシュメモリーに、音楽を記録して再生する機械。
- インターネットの音楽販売サイトや、携帯電話での音楽配信サービスから、音楽をダウンロードして聞くことができる。
- レコードやCDのように、店やレンタルショップで買ったり、かりたりすることもへった。

計算機(けいさんき)

明治時代 | 大正時代 | 昭和時代 | 太平洋戦争 | 高度経済成長期

そろばん / 機械式計算機

★……1903年「自働算盤」が開発される(→📖を見よう)
　★……1923年 国産の機械式計算機が売りだされる
　　　★……1935年 小学校で四つ珠そろばんを使うようになる
1964年 世界初の電卓が日本で登場……

そろばんを使っていた

五つ珠そろばん／天の珠／地の珠が5つ

天の珠／地の珠が4つ／四つ珠そろばん

勉強のことを「読み書きそろばん」というよね。それだけ、くらしにかかせない道具だったんじゃ。

- そろばんは、500年ほど前に中国から伝わった。
- 昔は四つ珠、五つ珠、両方のそろばんが使われていた。1935(昭和10)年に、小学校では、四つ珠で授業がおこなわれるようになり、四つ珠がおもに使われるようになった。10、100、1000、10000……というくり上がりを学ぶには、四つ珠のほうがむいているからだ。

機械式計算機が広まりだした

機械式計算機 (1960年のもの)／ここに計算の答えが出る／ハンドル

右のハンドルを回して、チンチンと音をたてながら、計算をしたもんだよ。

- 機械式計算機はハンドルを回して計算する。歯車の組み合わせで計算をおこなうしくみだった。
- 発売されたころは、そろばんのおよそ100倍の値段で売りだされた。
- おもに1950年代から70年代にかけて、会社などで使われていた。

86　📖 1903(明治36)年、矢頭良一という人が「自働算盤」という日本初の機械式計算機を開発した。8けたの計算ができた。

電卓を使えば、むずかしい計算も楽にできる。電卓がだれでも買えるようになったのは、30年ほど前のこと。そろばんから電卓まで、計算機がどううつりかわってきたか、見てみよう。

- ……1972年 ポケット電卓が登場
- ……1974年 太陽電池式の電卓が登場
- ……1977年 カード型電卓が登場

電卓が登場した

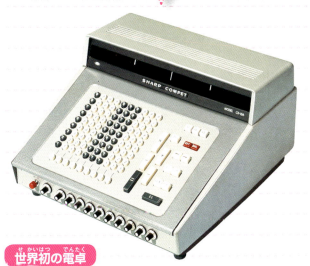

世界初の電卓

自動車が買えるくらいの値段だったけれど、つくるのが追いつかないくらい人気があったんだって。

- 電卓は、電子回路を使って計算をする道具。世界ではじめて日本で開発された。最初は、はば42cm、重さ25kgもある大きなものだった。
- 機械式計算機とならび、おもに会社で使われた。機械式よりも計算が速くでき、使うときの音もしずかになった。

小さくなり、みんなが使うように

太陽電池

今の電卓　　**学校専用電卓**

今は100円ショップでも売っているよ。おこづかいでも買えるくらいだね。

- おもに会社で使われていた電卓は、急速に小型化し、値段も安くなり、1970（昭和45）年ごろから家庭に広まった。
- 学校専用電卓は、分数計算などができる計算機。
- ちなみに、コンピューターを日本語でいうと「電子計算機」。内部のしくみは電卓とほぼ同じだ。

87

腕時計

明治時代		大正時代		昭和時代	太平洋戦争		高度経済以外成長期
	1912年	1920	1926年 1930		1940	1950	196

懐中時計

ゼンマイ式腕時計

……1894年 懐中時計の生産がはじまる

★……1913年 国産初の腕時計が登場

1964年 東京オリンピックでクオーツ時計が使われる

🔶 時計が**持ちはこべる**ようになった

竜頭 / 秒針 / 懐中時計

1日1回は竜頭を
まき、時刻あわせ
もしたんじゃよ。

● 懐中時計とは、ふところに入る時計という意味。着物の帯や洋服のポケットに入れ、取りだして見ていた。
● 竜頭をまわしてゼンマイをまき、動かしていた。
● 最初は、時間を正確に守らなければならない鉄道員などに使われ、だんだんふつうの人にも広まった。

🟢 **腕時計**が広まりだした

国産初の腕時計

竜頭

いちいち、ふところから
取りだして見なくてもよ
くなったんだね。

● 懐中時計と同じように、竜頭をまいてゼンマイで動かす。
● 腕時計は懐中時計よりも小さく、つくるのに細かい作業が必要だった。この時計を売りだした会社ではこのころ、懐中時計なら1日に200個ほどつくれたが、腕時計は30個ほどしかつくることができなかったという。

6月10日は「時の記念日」。1920(大正9)年に東京天文台(今の国立天文台)などが、時間を守ろうとよびかけるために定めた。

腕時計のいちばんのかわり目は、45年ほど前に、世界ではじめて日本で売りだされたクオーツ腕時計だ。より正確に時をきざむようになり、動力もゼンマイから電池にかわった。今では世界の時計のほとんどが、このクオーツ式になっている。

| 1970 | 1980 | 1989年 | 2000 | 2010 |

（くらしがきゅうに大きくかわったころ） | 昭和時代 | 平成時代

クオーツ腕時計

電波腕時計

★……1969年 世界初のクオーツ腕時計が登場
★……1973年 デジタル表示式のクオーツ腕時計が登場
★……1993年 国産初の電波腕時計が登場

より正確な腕時計になった

世界初のクオーツ腕時計
竜頭
デジタル表示式のクオーツ腕時計

クオーツ時計の技術は、1964（昭和39）年の東京オリンピックで正確にタイムをはかるために開発されたんだ。

- クオーツとは水晶のこと。この水晶を組みこんだのがクオーツ時計だ。電気を通すと規則正しくふるえる水晶の性質を利用しているので、くるいが少なくなった。
- ゼンマイではなく、電池で動くしくみになった。
- 4年後にはデジタル表示式のクオーツ腕時計も登場した。

電波腕時計が登場

今の電波腕時計

自動で時刻合わせをするなんて、すごいわよね。

- 正確な時間を伝える電波を受信して、わずかなずれを自動的になおす腕時計。秒単位で正確な時間を知ることができ、自分で時刻を合わせる手間がいらない。
- 日本では20年ほど前に登場し、今では広く使われている。

かくもの いろいろ

| 明治時代 | 大正時代 | 昭和時代 | 太平洋戦争 | 高度経済成長期 |

1912年 / 1920 / 1926年 / 1930 / 1940 / 1950 / 19…

★……1901年 国産のえんぴつが逓信省で使われはじめる　　　1948年 国産のボールペンが登場……★　　★……1953年
　　★……1915年 国産のシャープペンシルが登場　　1950年「マット水彩」絵の具が登場……★
　　　　★……1925年 クレパスが登場

1901年につくられた えんぴつ

えんぴつ

1874（明治7）年に日本初のえんぴつ工場ができ、1901（明治34）年に逓信省（日本郵政の前身）で、国産のえんぴつが使われるようになったのをきっかけに、広まった。

> えんぴつは、日本には400年ほど前に入ってきたといわれているんじゃ。

国産初の シャープペンシル

> シャープペンシルははじめ「繰出鉛筆」とよばれたんだって。

シャープペンシル

日本製のシャープペンシルは、まずはヨーロッパやアメリカに輸出され、大ヒットした。50年ほど前に折れにくいしんが開発され、広く使われはじめた。

登場したころの クレパス

> 今は書いて消せるボールペンも売られているね。

クレパス

1925（大正14）年に登場。やわらかくてぬりやすいことから、広まった。それまでの外国製のクレヨンはかためで、線をえがく使い方がおもだった。

国産初の ボールペン

ボールペン

先っぽについた小さなボールをころがして書くペン。1948（昭和23）年に、はじめて東京のデパートで売りだされたときには、お客さんが長い列をつくった。

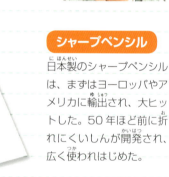

きみたちがいつも使っているえんぴつや絵の具にも、あたりまえだけどそれぞれうつりかわりがある。ここでは、いろいろなかく道具のうち、おもなものがいつごろ登場したり、広まったりしたのかを見てみよう。

|（くらしがきゅうに大きくかわったころ）| 1970 | 1980 | **1989年** | 2000 | 2010 |

昭和時代　　　　　　　　　平成時代

マジックインキが登場　　　★……1974年 国産の蛍光ペンが登場　　　2007年 消せるボールペンが登場……★
★……1963年 サインペンが登場

水彩絵の具

明治時代にはすでに輸入されていた。1950（昭和25）年に、透明な感じにも不透明な感じにもぬれる「マット水彩」絵の具が登場したのをきっかけに広まった。

登場したころの「マット水彩」絵の具

広く使われるようになったのは、そんなに昔ではないんだねえ。

「クレパス」「マット水彩」は㈱サクラクレパスの登録商標です。

登場したころのマジックインキ

サインペン

登場した当時、アメリカの文房具の見本市に出されたのをきっかけに、アメリカ大統領の目にとまったことから、「大統領お気に入りのペン」として大ヒットした。

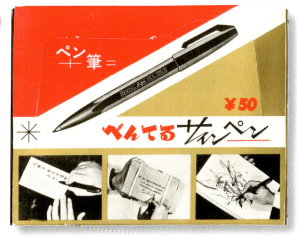

登場したころのサインペン

マジックインキ

紙だけでなく、ガラスやプラスチック、金属や陶器などにもかくことができ、すぐにかわいて落ちにくいので人気を集めた。

国産初の蛍光ペン

テストのときに、蛍光ペンを使って勉強したものよ。

蛍光ペン

売りだされたときから、あざやかできれいな色が小・中学生のあいだで大人気となった。

のり・接着剤

学習・遊び

| 明治時代 | 大正時代 | 昭和時代 | 太平洋戦争 | 高度経済成長期 |

1912年　1920　1926年　1930　1940　1950　19

ご飯つぶなどののり　　長もちするのり

……1899年 長もちするのりが登場　　　★ 1923年 セメダインが登場　　1952年 チューブのりが登場……★
　　　　1930年 アメリカでセロハンテープが登場……★　　1957年 木工用ボンドが登場……★
　　　　　　　　　　　　　　　　　　　　　　　　　1959年 アメリカで瞬間接着剤が登場……★

ご飯つぶなどでくっつけた

米からつくったのり
「姫糊」といい、今もつくられている。和服用の高級な布を板にはりつけ、絵柄をかくときなどに使われている

にかわ
くっつける力が強く、今も書道の墨など伝統工芸品に多く使われている

障子をはったりするのには、ご飯つぶを練ったのりを使っていたんじゃ。

- 紙や布をくっつけるには、ご飯つぶを練ったのりや、米の粉からつくったでんぷんのりを使った。日もちがしないため、使うたびに自分でつくったり、のり屋から買っていた。
- 木などを強力にくっつけるには、にかわが使われた。動物の皮や骨からつくった接着剤で、お湯や水でとかして使った。

長もちするでんぷんのりが登場

長もちするのり（発売当時のもの）

チューブのり（登場したころのもの）

使うたびにつくったり、買ったりしなくてもよくなったんだ。

- 米のでんぷんに、くさらないようにする薬を入れてつくられた。長もちするうえ、かたまってしまうこともないので、広く使われるようになった。
- 1952（昭和27）年には、このでんぷんのりを使いやすいチューブに入れたものも登場した。

9月29日は「くっつく」の語呂合わせから、「接着の日」に定められている。

昔はご飯つぶなどをのりに使っていた。明治時代になって、長もちするのりが売りだされて広く使われるようになった。今はでをよごさないでぬれるのりや、くっつけたところがしわになりにくいのりなども使われている。

★……1971年 スティックのりが登場
★……1975年 液状のりが登場

手をよごさずにぬれるように

スティックのり（登場したころのもの）

液状のり（登場したころのもの）

べたつかないで、きれいにぬれるようになったんだね。

- どちらののりも、平らにうすくぬることができるので、しっかりくっついて、しわになりにくい。
- 手がよごれないので、マニキュアなどでおしゃれをした人の人気を集めるようになった。
- どちらもでんぷんではなく、化学物質を使ってつくられる。

こんなものも使われているね

- 化学接着剤は、紙、木、プラスチックや金属など、接着するものによって、いろいろな種類がある。セメダインは国産初の化学接着剤として、1923（大正12）年に登場した。
- 木工用ボンドは、おもに木をくっつけるのに使う。1957（昭和32）年に登場し、工作などで広く使われている。
- セロハンテープは、1930（昭和5）年にアメリカで開発され、日本では太平洋戦争後に売りだされた。ボールペン（→90ページ）、マジックインキ（→91ページ）とならんで「戦後三大文具」といわれている。
- 瞬間接着剤は、空気にふれるとすぐにかたまる。1959（昭和34）年にアメリカで開発された。

セメダイン　木工用ボンド　瞬間接着剤　セロハンテープ（国産初のもの）

学習・遊び えんぴつをけずる道具

明治時代	大正時代	昭和時代	太平洋戦争	高度経済成長期
1912年	1920 1926年	1930	1940	1950 19

小刀・ナイフ

★……明治時代の終わりごろ えんぴつけずりが輸入される
★……1918年ごろ 「肥後守」が広まりはじめる
1957年 国産の手動式えんぴつけずりが登場……★
1960年 えんぴつけずりが小学生に広まりはじめる……★

小刀でけずっていた

ここに布をまいて使った

切り出し小刀

折りたたみ式ナイフが登場

さや
刃を折りたたんでしまっておくところ

肥後守

小刀を使うこつは、刃は動かさず、けずるもののほうを動かすことじゃ。

- 小刀でえんぴつをけずっていた。小刀は、竹とんぼづくりなどの工作にも使っていた。
- すべらないように、たいていは持つところに布をまいて、しっかりとにぎって使った。
- 木のにぎり手とさやがついた小刀もあった。

安全に持ちはこびのできるナイフだよ。いつもポケットに入れていたなあ。

- 使わないときには、刃をさやの中に折りたたんでしまっておけた。
- 50年ほど前まで、多くの男の子が自分用の「肥後守」を持っていて、野山の木や竹をけずって遊び道具をつくったり、工作をしたりするときに使っていた。

えんぴつはどうやってけずっている？　今は、手動や電動のえんぴつけずりを使うのがふつうだね。でも、昔はナイフでけずっていた。えんぴつだけでなく、木や竹をけずったり、紙を切ったりするのにも使っていたんだ。

★……1975年ごろから 電動式えんぴつけずりが広まる

えんぴつけずりが広まる

ポケットシャープナー

手動式えんぴつけずり

電動式えんぴつけずり

けがの危険もなく、かんたんにけずれるようになったんだね。

ガーッとけずれるのがおもしろくて、ずいぶん電動式でけずったなあ。

- 1957（昭和32）年に、国産の手動式えんぴつけずりが登場。会社などで使われはじめた。
- それが小学生に広まったのは1960（昭和35）年。少年が政治家を刃物でさし殺す事件がおこり、全国の学校で、子どもに刃物を持たせないようにする運動がおこったためだ。

- 電動式のえんぴつけずりが広まりはじめたのは1975（昭和50）年ごろから。当時、売りだされていた学習机に、いっしょについていることが多かった。
- 手動式、電動式、ポケットシャープナーのいずれも、とがらせ方を好みで調節できる機能がついているものもある。

学校の机といす

学習・遊び

| 明治時代 | 大正時代 | 昭和時代 | 太平洋戦争 | 高度経済成長期 |

1912年　1920　1926年　1930　1940　1950　19

木の机・いす

★……1872年 学制が定められ、小・中学校、大学の建設が進む

木の机といすは重くて、掃除のとき、動かすのがたいへんだったんじゃ。

正座して机に向かっていた

寺子屋の机（文机）　〈「寺子屋書初」（部分）豊国（初代）画〉

ぼくだったら、足がしびれちゃうかもしれないな。

- 昔、寺子屋や家などでは、書き物や読書のために、文机という木の机を使っていた。
- いすはなく、子どもたちはたたみの上にすわって勉強していた。
- 机は今の教室のように列にならべられてはおらず、向きも決まっていなかった。

机といすのセットが登場

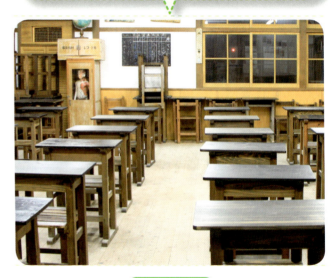

木の机といす　（提供：豊後高田「昭和の町」）

いすに腰かけて、みんなでいっしょに授業を受けるようになったのね。

- 1872（明治5）年に学制が定められた。すべての国民が学校で教育を受けられることをめざし、地域ごとに小・中学校と大学を設けることが決められた。
- これによって、全国で学校の建設が進み、教室には木の机といすがおかれるようになった。
- この形の机は、1970（昭和45）年ごろまで使われた。

その昔、子どもたちが勉強するところといえば寺子屋だった。低い机を使って、たたみの上にすわって授業を受けていた。明治時代になって学校ができ、木の机といすが登場した。今はスチールと木でできた机が広く使われているね。

| 1970 | 1980 | 1989年 | 2000 | 2010 |

（くらしがきゅうに大きくかわったころ） | 昭和時代 | 平成時代

スチールと木の机・いす

★……1966年ごろ スチールと木でできた机・いすが登場

動かしやすい机が登場

スチールと木でできた机・いす

わたしも学校で、この形の机といすを使っているわ。

- 机といすのあしや、教科書を入れるところがスチール製になった。
- それまでの、すべて木でできた机よりも軽くなり、動かしやすくなった。

こんなものも使われているね

- 図工室や音楽室では、ふつうの教室とはちがう形の机が使われることも多い。
- 図工室の机は、絵がかきやすいように、上の部分がななめになっていたり、絵をかく道具を置いておくスペースがついていたりと、くふうがされているものもある。
- 音楽室の机には、写真のように譜面立てがついているものもある。両手を使って、リコーダーなどを演奏するときに便利だね。

図工室の机　　音楽室の机　　譜面立て

学習・遊び

黒板

1912年	1920	1926年	1930	1940	1950	19
明治時代	大正時代		昭和時代	太平洋戦争		高度経済成長期

・1872年 黒板が日本ではじめて使われる
・1877年ごろ 黒板が全国に広まる

先生によばれて、黒板の前に立たされると、頭がまっ白になったなあ。

1954年 緑の黒板が登場 ……★

黒板がなかったころは……

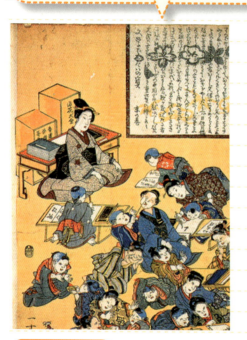

寺子屋のようす
(「文学ばんだいの宝 末の巻」一寸子花里・画)

今のように教室のみんなが、黒板に向かって同じことをおそわるという授業ではなかったんじゃ。

● 江戸時代から明治時代はじめのころまで、子どもたちが勉強するところといえば寺子屋(→96ページ)だった。
● 生徒の年齢はまちまちで、それぞれに先生から課題をもらって取りくんでいた。

黒板が登場した

明治時代の黒板
(提供:豊後高田「昭和の町」)

このころから、今のような授業のやり方になるんだね。

● 黒板は、大学南校(今の東京大学)の先生だったアメリカ人が、日本に持ちこんだのがはじまりだ。
● 登場したころは英語で「ブラックボード」とよばれていた。全国に広まるにつれ、これを日本語に訳した「黒板」という名前でよばれるようになった。
● 木の板に墨汁やうるしをぬってつくられていた。

先生が教壇に立って、黒板に書きながら説明する授業のやり方は、140年ほど前にはじまった。はじめのころの黒板は名前のとおり黒かったが、のちにより見やすい緑色になった。今は動画や地図などをうつしだせる電子黒板も使われている。

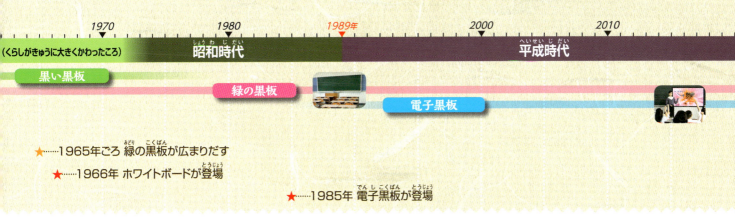

★……1965年ごろ　緑の黒板が広まりだす
★……1966年　ホワイトボードが登場
★……1985年　電子黒板が登場

緑の黒板が広まった

より見えやすい色になったんだね。

- それまでの黒い黒板は、使いこんですりへってくると、光が反射して見えにくかった。緑の黒板はすりへってもよく見え、長もちするということで広まった。
- このころに黒板の材料も木から鉄の板へとかわり、マグネットがくっつけられるようになった。
- 同じころにホワイトボードも登場した。

電子黒板が登場した

わたしからすると、未来の黒板という感じよね。

- 大きなディスプレイ画面の黒板。
- 今のものは、自分でつくった動画や写真、地図やグラフなどをうつしだせる。画面に指でさわってそれらを操作したり、文字を書いたりすることができる。
- インターネットにつなげたり、テレビをうつしたり、音を出したりすることができる黒板もある。

遊び道具 ①

学習・遊び

外で遊ぶことが多かった

こま回し
ひもをまいて回す。こまどうしをぶつけて遊んだり、手のひらの上で回したりした。

ベーゴマ
鉄でできた小さなこま。布をはったたるやバケツの上で、こまどうしをぶつけて勝負させた。

おはじき
指ではじいて、ねらったおはじきにあてて遊んだ。ガラスでできていた。

めんこ
地面に強く打ちつけて、相手のめんこをひっくりかえしたら勝ち。四角い形や丸い形で、いろいろな大きさのものがあった。

竹馬
今は金属とプラスチックでできているが、昔は竹を切ってつくった。木を使うこともあった。

お手玉
布袋にアズキなどを入れた遊び道具。歌に合わせて投げあげて遊んだ。

けん先 / 小皿 / 大皿 / 中皿

けん玉
ひものついた玉をほうり上げて、とがったけん先や大皿、中皿、小皿でキャッチして遊ぶ。

ゴムとび
歌に合わせて、足をゴムにひっかけたり、足でゴムをねじったりして遊ぶ。

たこあげ
昔は紙と竹ひごを使って、たこを自分でつくることも多かった。今でもお正月によくあげる。

道路や野山でよく遊んだなあ。遊び道具を手づくりすることも多かったんじゃ。

昔の子どもは、晴れた日は外でからだを使って遊んでいた。きみたちのおじいさんやおばあさんが子どものころになると、今も見られるようなおもちゃがだんだんに登場した。ここではおじいさん、おばあさんのころまでの遊び道具を紹介するよ。

家で遊ぶおもちゃがふえた

プラモデル 1958年登場
戦艦や車などをプラスチックの部品から組みたてる。ボンドのつけ方、色のぬり方などにコツがいった。

フラフープ 1958年登場
プラスチックの輪っかを腰で回すおもちゃ。その動きがハワイのダンス（フラ）に似ていることから、この名前になった。

ミルクのみ人形 1954年登場
ほにゅうびんから水を飲み、おしっこをする。寝かせると目をとじるようにもなっていた。

野球盤 1958年登場
レバーやスイッチで玉を投げたり、打ったりして遊ぶ。1972年には「消える魔球」が投げられるものも売りだされた。

ホッピング 1957年ごろ登場
両足をのせ、ばねの力でジャンプして遊ぶ。お父さん、お母さんが子どものころにも、もう一度流行した。

レーシングカー 1963(昭和38)年登場
モーターのついたミニカーを、みぞのついたコースの上で走らせて遊ぶ。スピードは手元のコントローラーで調節した。

こうやって見てみると、今も遊んでいるおもちゃもけっこうあるわね。

 学習・遊び

遊び道具 ②

テレビゲームがはやった

ファミリーコンピュータ 1983（昭和58）年登場
大ブームをまきおこしたテレビゲーム機。当時、ゲームセンターでしか遊べなかったゲームが、自分の家でもプレイできるようになった。人気ソフトを買うために、お店に徹夜の行列ができたこともあった。

チョロQ 1980年登場
ゼンマイで走るプラスチックのミニカー。後ろのナンバープレートの部分に10円玉をはさむと、ウイリー（後輪だけで走る）させることもできる。

リカちゃん 1967年登場
今も人気のある着せかえ人形。リカちゃんのお父さんやお母さん、ふたごの妹やボーイフレンドなどの人形もある。

ルービックキューブ 1980年登場
立方体のそれぞれの面の色をあわせるパズル。ハンガリーの建築家・ルービックが考えだした。

ルービックキューブ®はメガハウスの登録商標です。
©1974 Rubik's(R) Used under licence Rubiks Brand Ltd. All rights reserved.

スケートボード 1980年登場
車輪のついた木の板に立って乗り、走る。うまくなると、ジャンプなどもできるようになる。

レゴブロック 1962年登場
デンマークで生まれたブロックで、今はコンピューターでプログラミングして複雑な動きをするセットも売りだされている。

子どものころはとにかくファミコンで遊んだなあ。

遊び道具のうつりかわりのつづきを見てみよう。お父さん、お母さんのころにはテレビゲームが大ブームになった。今も遊んでいるおもちゃも、いくつもあった。さて、きみたちは今、どんな遊び道具に夢中になっているかな？

コンピューター化されたおもちゃがふえた

データカードダス
2005（平成17）年登場
相手と対戦したり交換したりして遊ぶトレーディングカードを使うゲーム。自分のカードを入れ、そのデータをいかして遊ぶことができる。

子ども用スマホ
2014年登場
子ども用につくられた本物のスマートフォン。通信のほか、ゲーム、写真をデコる、辞書などのアプリがついている。

携帯用ゲーム機　1980年登場
今のものは、インターネットにつないで、はなれたところにいる相手と対戦できたり、3Dで立体的な画像のゲームが楽しめたりする。カメラやメール機能がついているものもある。

ゲームやカードは毎日やっているよね。

けん玉や竹馬で遊ぶこともあるわね。

ファンルーム
2014年登場
小さな輪をつないで、ブレスレットや指輪などの手づくりアクセサリーがかんたんにつくれるおもちゃ。

古くなった道具は？

「つくも神」って知ってる？　長く使い続けた道具は、神様になるんだそうだ。だから感謝をこめて供養したんだって。そまつにすると、たたられるんだよ。

石臼塚　東京都小金井市の小金井神社

つくも神は「九十九神」とも書くくらいで、道具の数だけおられるんじゃが、ここでは石臼・筆・針の神様に登場願ったんじゃ。
筆や針は今でも使うが、石臼は、今ではあまり見かけんのう。昔は米や麦、そばの脱穀や製粉にかかせないものじゃった。

針供養　東京都台東区の浅草寺

筆塚　東京都台東区の本法寺
筆塚は、長年使った筆に感謝して、お寺や神社につくった塚。

針供養は、一年分の折れた針や使い古した針を、2月か12月の8日にお寺や神社に持っていき、やわらかい豆腐にさして感謝する行事。この日は仕事を休んだ。

道具の塚や行事が残っているなんて、昔の道具はたいせつにされていたんだね。

郵便ポスト

交通・通信

| 明治時代 | 1912年 | 大正時代 | 1926年 | 昭和時代 | 1940 | 太平洋戦争 | 1950 | 高度経済成長期 | 196 |

黒いポスト　　　　　　　　　　　　　　　　　　　　　　　　丸い赤ポスト

……1871年 国の郵便制度がスタート。郵便ポストが登場
……1872年 黒いポストが登場　　　　　　　　　　　　1949年 お年玉くじつき年賀はがきが登場……★
……1873年 郵便はがきが登場
　　★……1908年 全国に赤い郵便ポストが登場

ポストが登場した

最初のころ、ポストはまっ黒だったんだね。

登場したころのポスト

赤いポストになった

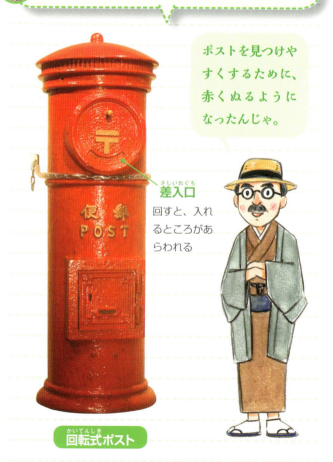

ポストを見つけやすくするために、赤くぬるようになったんじゃ。

差入口
回すと、入れるところがあらわれる

回転式ポスト

- 1871（明治4）年に国の郵便制度がスタートした。まずは東京と大阪の間ではじまり、次の年には全国にほぼ同じ値段で手紙がとどくよう、しくみがととのえられた。
- これにともなって郵便ポストが登場した。「郵便箱」や「黒塗柱箱」とよばれた。

- 黒いポストはごみ箱とまちがわれたり、夜に見えにくかったりといった問題があった。
- そこで、赤くぬられた回転式ポストが1908（明治41）年に登場した。差入口を回すのは、雨が入らないためのくふうだ。ただ、故障が多かったため、わずか4年で、雨よけのひさしがついたものにかわった。

メールや電話もいいけれど、手紙やはがきをもらうと、うれしいね。郵便ポストは今から140年ほど前に登場した。はじめは黒くぬられていたが、ポストを見つけやすくするために赤色になった。今は全国に18万本ものポストがおかれている。

1970	1980	1989年	2000	2010
(くらしがきゅうに大きくかわったころ)	昭和時代		平成時代	

四角い赤ポスト

★……1966年 郵便はがきが今の大きさになる
★……1968年 郵便番号制(5けた)がはじまる
★……1970年 赤くて四角いポストが登場
★……1998年 5けただった郵便番号が7けたになる
　　　2007年 郵政が民営化される……★

手紙の種類ごとに入れるように

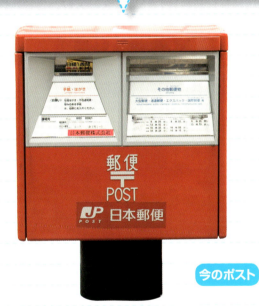

今のポスト

郵便物をすばやく分けて、運ぶためのくふうなんだね。

- 手紙・はがきを入れるところと、速達など、そのほかの郵便物を入れるところとが分かれた。
- 形も丸から四角になった。
- 2007 (平成19) 年には、それまで国がうけもっていた郵便の仕事などをおこなう「日本郵政」という会社がつくられた。

郵便番号を読みとる機械

- 手紙に郵便番号を書くようになったのは1968 (昭和43) 年から。このころ郵便物が大はばにふえ、郵便局で、たくさんの郵便物をすばやく整理するためにはじまった。
- 東京中央郵便局には、郵便番号を自動で読みとって分ける機械がおかれた (写真)。人間の7倍ほどのスピードで行き先ごとに分けることができた。
- 今は、郵便番号自動読取区分機が、全国の大きな郵便局におかれている。読みとるスピードも、はじめのもののおよそ1.4倍にアップしている。

最初の郵便番号自動読取区分機

交通・通信

電話

| 明治時代 | 1912年 | 大正時代 | 1920 | 1926年 | 昭和時代 | 1930 | 1940 | 太平洋戦争 | 1950 | 高度経済成長期 | 1960 |

固定式の電話（交換手を通すもの）

固定式の電話（直接かけられるもの）

……1876年 アメリカでベルが電話を発明
……1878年 国産初の電話機が登場
……1890年 電話加入者の募集がはじまる

★……1926年 ダイヤル式の電話が登場
★……1933年 黒電話が登場

電話が登場した

国産初の電話機

ハンドル

電話をかけるようす

電話は1876（明治9）年に、アメリカの発明家・ベルが発明したんじゃ。

- 日本では、最初は警察などで使われた。
- ふつうの家でも1890（明治23）年から電話を引けるようになったが、この年に申しこんだのはわずか344人。たいへんお金がかかったからだ。
- 当時の電話は下についたハンドルを回して、いったん電話交換手をよびだし、かける相手を伝えてつないでもらった。

直接かけられるようになった

黒電話

1933（昭和8）年に登場し、1970年代までもっとも広く使われていたダイヤル式の電話機

最初のプッシュホン

わたしの若いころは、電話といえばダイヤル式だったわ。

- 電話交換手を通さなくても、相手の電話番号をダイヤルで回せば、直接つながるようになった。
- 電話を使う人がふえるにつれ、電話交換手が1本1本、電話をつなぐのが追いつかなくなってきたためだ。
- 1969（昭和44）年にはプッシュホンが登場。電話番号をぜんぶおさなくてもつながる短縮ダイヤルもできた。

昔の電話はめんどうだった。いったん電話交換手のところにかけ、相手の電話番号を伝えてつないでもらっていた。それが直接、相手にかけられるようになり、今ではスマートフォンや携帯電話でメールやインターネットまでできる時代になった。

| | 1970 | 1980 | 1989年 | 2000 | 2010 |

（くらしがきゅうに大きくかわったころ） | 昭和時代 | 平成時代

携帯電話 スマートフォン

★……1979年 自動車電話が登場
★……1996年 スマートフォンが登場
★……1985年 携帯電話が登場
★……1969年 プッシュホンが登場

携帯電話が登場した

最初の携帯電話

今の携帯電話

ひとりひとりが自分用の電話を持つようになってきたんだね。

- もともとは外に持ちだせる自動車電話として開発された。
- 最初は重さ3kgもある大きなもので、肩にかけて持ちあるいていた。充電には8時間もかかった。
- その後、小さく軽くなっただけでなく、メールやインターネットもできるようになった。写真や動画も撮影でき、着信メロディーもえらべるようになった。

さまざまなことができるように

今のスマートフォン

タッチペン

パソコンに電話がついている感じだな。

- 番号をおすボタンさえなくなり、画面を指でなぞるだけで動かせるようになった。タッチペンを使って、画面に文字や絵をかくこともできる。
- 携帯電話とくらべ、スマートフォンはあつかえるデータの量が多く、また速いスピードでやりとりできる。

交通・通信

ラジオ

| 明治時代 | 大正時代 | 昭和時代 | 太平洋戦争 | 高度経済成長期 |

1912年 … *1920* … *1926年* … *1930* … *1940* … *1950* … *1960*

鉱石ラジオ　　　真空管ラジオ

- 1900年　カナダでラジオが開発される
- ★…1906年　アメリカで世界初のラジオ放送
- 1925年　日本でラジオ放送がはじまる…★
- 　　　　国産の鉱石ラジオが登場
- ★…1930年ごろから　真空管ラジオが広まりはじめる
- 1954年　アメリカでトランジスタラジオが登場…★
- 1955年　国産のトランジスタラジオが登場…★

ラジオが登場した

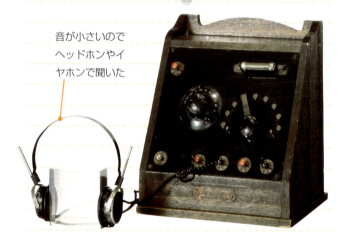

音が小さいのでヘッドホンやイヤホンで聞いた

国産初の鉱石ラジオ

最初にラジオから流れたのは、「アー、アー、聞こえますか」という言葉だったんじゃ。

- はじめのころは写真のような鉱石ラジオが使われた。受信した電波のエネルギーで音を出すので、電源はいらなかった。
- それまでは、ニュースを知るには新聞がおもだった。しかし、1923（大正12）年におきた関東大震災のとき、新聞が発行できなくなり、うわさが人々の不安をあおった。このことでラジオ放送の開始が早められたという。

みんなで聞けるようになった

真空管ラジオ　スピーカー

スピーカーを本体に組みこんで小型にした

ボックス型ラジオ

大きな音が出せるようになり、家族でラジオを楽しめるようになったんだ。

- 真空管ラジオは、真空管という部品を使うことで、スピーカーから大きな音を出せるようにしたラジオ。電源が必要なため、コンセントから電気をひいた。
- ラジオ局から遠い山地や海辺でも受信できるようになった。

3月22日は「放送記念日」。1925（大正14）年のこの日、日本でラジオ放送がはじまった。

テレビが広まる前はラジオの時代だった。ニュースも相撲もお笑いも、みんなラジオで聞いていた。太平洋戦争の後になって、ラジオは小さく軽くなり、持ちはこびできるようになった。災害のときに情報を集める道具としてもたよりにされている。

	1970	1980	1989年	2000	2010
（くらしがきゅうに大きくかわったころ）	昭和時代			平成時代	

トランジスタラジオ 　ラジカセ

★……1968年 ラジカセ（ラジオカセットコーダー）が登場
　★……1985年ごろ　CDラジカセが登場し広まる
　　2005年ごろから　SD/USB/CDラジオが登場……★

持ちはこびできるようになった

録音して楽しめるように

登場したころのラジカセ

カセットテープレコーダー

登場したころのトランジスタラジオ

SDカード

SD/USB/CDラジオ

外でも聞けるし、災害のときにも、たよりになったのよ。

いろんなことが、1台でできるようになったんだね。

- トランジスタラジオは、真空管のかわりにトランジスタという部品を使ったラジオ。
- トランジスタは、真空管よりはるかに小さな電子部品で、使う電力も少ない。このため、電池を使って、持ちはこびができる小型のラジオをつくることができた。

- ラジカセは、カセットテープレコーダー（→84ページ）とラジオが一体になった道具。ラジオの音楽番組などをカセットに録音して楽しめるので人気を集めた。
- その後、CDを聞けるCDラジカセも登場した。今はSDカードやUSBメモリの録音・再生ができるものもある。

111

テレビ

交通・通信

| 明治時代 | 大正時代 | 昭和時代 | 太平洋戦争 | 高度経済成長期 |

1912年 / 1920 / 1926年 / 1930 / 1940 / 1950 / 1960

白黒テレビ

- 1897年 ドイツでブラウン管が発明される
- 1926年 高柳健次郎がテレビの実験に成功……★
- 1939年 国産の受像機（テレビ）が開発される……★
- 1953年 テレビ放送がはじまる……★
- 1959年 皇太子（今の天皇）の結婚パレードが中継される……★
- 1960年 カラー放送がはじまる
  カラーテレビが発売される

テレビの技術が開発された

高柳健次郎

テレビ実験のようす

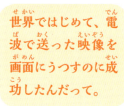

世界ではじめて、電波で送った映像を画面にうつすのに成功したんだって。

- 高柳健次郎は1926（大正15）年におこなった実験で、映像を電気信号にかえて送信し、ブラウン管（電気信号を光にかえる装置）にうつしだすことに成功した。
- はじめてうつしだされたのは「イ」の字だった。
- しかし、1941（昭和16）年からの太平洋戦争のため、テレビの研究は中断され、戦後になってから再開された。

白黒テレビが登場

街頭テレビ

国産初のテレビ

はじめのころは、駅前などにおかれた街頭テレビを見にいっていたんだ。

- テレビ放送がはじまったころ、映像は白黒だった。
- 値段がとても高かったので、たいていの人は街頭テレビを見ていた。ニュースやプロレス、野球中継などが人気だった。
- 放送開始から6年後の1959（昭和34）年に、皇太子（今の天皇）が結婚した。この結婚パレードがきっかけになり、テレビが全国に広まった。

テレビは60年ほど前に登場。はじめは白黒で、1964（昭和39）年の東京オリンピックをきっかけにカラーテレビが広まった。その後、ブラウン管から液晶などのテレビになって薄型になり、今はよりあざやかな地上デジタル放送になった。

★……1964年 東京オリンピックが開かれる
　　　 テレビを持つ家が9割をこえる
★…………1984年 液晶テレビが発売される
★……1989年 衛星放送がはじまる
2011年 テレビ地上波放送がデジタル方式にきりかわる……★

カラーテレビが広まった

東京オリンピックの開会式

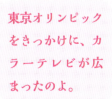
国産初のカラーテレビ

東京オリンピックをきっかけに、カラーテレビが広まったのよ。

- 登場した当時のカラーテレビの値段はおよそ50万円。自動車が1台買えるぐらい高かった。
- 1964（昭和39）年の東京オリンピックで、開会式や柔道・バレーボールなどがカラーで放送されたことで広まった。
- 1989（平成元）年には衛星放送がはじまった。人工衛星から送られる電波を、専用のアンテナで受信した。

薄型テレビになった

薄型液晶カラーテレビ

地デジになって、クイズやアンケートに、リモコンで参加できるようになったんだよね。

- デジタル信号（映像・音声を数字におきかえた信号）を受けとってうつる地上デジタル放送がはじまり、きめこまかくあざやかな映像・音声が楽しめるようになった。
- 番組表や天気予報を好きなときに見られるようになった。
- 液晶などの薄型テレビは、昔のブラウン管式のテレビのようには場所をとらない。

交通・通信

自転車

| 明治時代 | 大正時代 | 昭和時代 | 太平洋戦争 | 高度経済成長期 |

1912年 / 1920 / 1926年 / 1930 / 1940 / 1950 / 19

 自転車

- 1865～68年 このころ自転車が日本に伝わる
- 1892年 逓信省などが自転車を使いはじめる
- 1893年 国産初の自転車が登場
- ★……1909年 三越百貨店が自転車で配達をはじめる
- 1956年 女性がのりやすい自転車が登場……★

自転車が日本に伝わった

日本に伝わったころの自転車

- 木の車輪
- ペダル　車輪に直接ついていた

はじめのころは、ものめずらしい遊びの道具だったんじゃ。

- ●自転車は、1817年にドイツで発明された。
- ●写真の自転車は、ゴムのタイヤがついていなかったので、乗るときはガタガタゆれた。
- ●今の高級自動車と同じくらいの値段だったので、ごく一部の人しか乗ることができなかった。

配達の道具として活躍

業務用の自転車

- 荷台　大きく、がんじょうにつくられている
- タイヤ　重い物をのせて走るために太い

がんじょうそうな自転車だなあ。たくさん物を運んでくれそうだね。

- ●120年ほど前に、逓信省（日本郵政の前身）が電報を配達するのに自転車を使いはじめた。その後、デパートやお店が商品をとどけたり、運んだりするのに使うようになった。
- ●50年ほど前まで広く使われていた。今も新聞配達などに使われている。

自転車は150年ほど前に日本に伝わった。最初は遊びの道具だったけれど、その便利さが知られると、郵便やお店の配達にかかせないものとなった。今はだれもが気軽に乗っているし、仕事の道具としても活躍しつづけている。

1989年ごろから マウンテンバイクがはやる……★

★……1993年 電動アシスト自転車が登場

気軽で便利な乗り物に

使いみちごとに、いろいろな自転車があるわね。

- 60年ほど前になって、女の人が乗りやすいように、車体が軽く、サドルも低めの自転車が売りだされて広まった。これが今はシティサイクル（ママチャリ）とよばれる自転車だ。
- そのほかにも、今は長い距離を速く走るためのロードバイクや、野山を走るのに向いたマウンテンバイクなど、さまざまな自転車がある。

❗電動アシスト自転車

- 電動アシスト自転車は今から20年ほど前に登場した。ペダルをこいで動かすのは同じだけど、のぼり坂や向かい風のときなど、強い力が必要なときには自動的にモーターが動いて、こぐのを助けてくれる。
- これを仕事に使っているのが宅配便の人たちだ。遠いところから車で運んできた荷物を、リヤカーつきの電動アシスト自転車にのせかえて配達している。
  このリヤカーつき自転車は、まちなかを1軒1軒まわるのに便利だし、自動車とちがって大きな交通事故をおこす心配も少ない。また、排気ガスを出さないので、環境にもやさしい。

初の電動アシスト自転車

世界ではじめて日本で開発された

配達のようす

ここに荷物を入れて運ぶ

交通・通信

自動車

| 明治時代 | 大正時代 | 昭和時代 | 太平洋戦争 | 高度経済成長期 |

1912年 / 1920 / 1926年 / 1930 / 1940 / 1950 / 19

馬車・人力車

……1885年 ドイツでガソリン自動車が開発される
　★……1907年 国産初のガソリン自動車が登場

1958年ごろから 軽自動車が広まりはじめる……★

自動車が登場する前は……

人力車　　　馬車

〈「東京開化名所　鍛治橋内東京裁判所之真図」〉歌川広重（三代）・画

動物や人の力をたよりにしていたんだね。

- 馬車は、1869（明治2）年に東京と神奈川県の横浜の間を乗合馬車が走るようになり、各地に広まった。
- 人力車も明治時代に登場し、昭和時代のはじめまで使われていた。今は観光地で名所をめぐるのに利用されている。

国産のガソリン自動車が登場

国産初のガソリン自動車

外国から輸入したエンジンをお手本につくられたんじゃ。

- 世界で最初のガソリン自動車は、1885年にドイツで開発された。それから20年ほどして、日本でもガソリン自動車がつくられるようになった。
- 写真の自動車は、走るときにガタクリ（がたがた）と大きな音をたててゆれることから「タクリー号」とよばれた。

登場したころの自動車は、めずらしくてぜいたくな乗り物だった。ふつうの家に自動車が広まりはじめたのは50年ほど前からだ。今は環境にやさしい省エネの自動車（エコカー）が人気を集めている。

	1970	1980	1989年	2000	2010
（くらしがきゅうに大きくかわったころ）		昭和時代		平成時代	

 ガソリン自動車

 エコカー

★……1965年ごろ ふつうの家にも自動車が広まりはじめる

★……1997年 ハイブリッド車が本格的に売りだされる

2014年 燃料電池車が売りだされる……★

2002年 燃料電池車が開発される……★

ふつうの家にも自動車が

広まったころの自動車

家族でドライブに行く夢がかなったのは、このころだよ。

- 50年ほど前から、国民のくらしがどんどんゆたかになり、手に入りやすい値段の自動車も売りだされたことから、自動車を持つ家がふえた。
- 自動車（Car）とカラーテレビ（Color Television）、クーラー（Cooler）を家にそろえることが、当時の人々のあこがれだった。3つの英語の頭文字をとって「3C」とよばれた。

エコカーも広まる

ハイブリッド車

燃料電池車

燃料を節約できたり、地球温暖化のもとになる二酸化炭素を出す量をへらしたりできるんだ。

- ハイブリッド車は、ガソリンエンジンと電気モーターで走る自動車。ガソリンエンジンだけの車より、使うガソリンの量が少なく、二酸化炭素を出す量も少ない。
- 燃料電池車は水素と空気中の酸素で電気をおこして走る。二酸化炭素を出さずに、水だけが排出される車だ。

機関車

交通・通信

| 明治時代 | 大正時代 | 昭和時代 | 太平洋戦争 | 高度経済成長期 |

1912年 / 1920 / 1926年 / 1930 / 1940 / 1950 / 19

蒸気機関車　　　ディーゼル機関車

- 1872年 日本初の鉄道が開業
- 1893年 国産初の蒸気機関車が登場
- 1912年 ドイツ製の電気機関車が輸入される
- ★ 1924年 国産初の電気機関車が登場
- ★ 1929年 ドイツからディーゼル機関車が輸入される
- ★ 1935年 D51形蒸気機関車が登場

鉄道が開通した

日本初の蒸気機関車
〈「横浜新埋地高嶋町揚屋三階造海岸遠景之図（部分）」〉
歌川広重（三代）・画

陸を走る蒸気船という意味で、「陸蒸気」とよばれたんじゃ。

- 1872（明治5）年、東京の新橋と神奈川県の横浜をむすぶ鉄道が開通した。
- イギリスから輸入した蒸気機関車で、石炭で水をわかして、蒸気の力で走らせた。
- 最初のころはぜいたくな乗り物だった。いちばん安い席の運賃でも、当時でお米10kgが買えるほどの値段だった。

蒸気機関車が活躍した

D51形蒸気機関車

D51形は、貨物列車を引く力が強く、もっとも活躍した機関車なんだ。

- 鉄道の路線が広まるとともに、さまざまな蒸気機関車がつくられた。なかでもD51形は、貨物列車を引くために開発され、ディーゼル機関車、電気機関車をふくめても、日本でもっともたくさんつくられた。
- このD51形は40年ほど前まで使われていた。ディーゼル機関車や電気機関車が広まった後も走りつづけていた。

日本で鉄道が開通したとき走ったのは、蒸気機関車だった。機関車は、客車や貨物車を引っぱる、動力のついた車両のこと。太平洋戦争の前は石炭と水を使う蒸気機関車、その後は石油を使うディーゼル機関車、そして電気機関車がおもになった。

| 1970 | 1980 | 1989年 | 2000 | 2010 |

（くらしがきゅうに大きくかわったころ） | 昭和時代 | 平成時代

電気機関車

1953年 ディーゼル機関車DD50形が登場。このあとディーゼル機関車が広まる

……1960年ごろから 電気機関車が広まる

★……1997年 EH500形電気機関車が登場

ディーゼル機関車が広まった

DD50形ディーゼル機関車

引っぱる力が強くなり、煙の量もへったんだ。

- ディーゼル機関車は、石油を燃料に走る機関車。石炭を燃やして走る蒸気機関車よりも、煙の出る量が少ない。
- 太平洋戦争前から日本に入ってきていたが、広く活躍しはじめるのは1953（昭和28）年に登場した、写真のDD50形からだ。
- 今も、電気の引かれていない路線で活躍している。

電気機関車が活躍

EH500形電気機関車

電気の力で、貨物車を引っぱるようになったんだね。

- 電気の力で走る機関車。蒸気機関車やディーゼル機関車とちがって、煙はまったく出ない。
- 蒸気機関車は石炭と水、ディーゼル機関車は石油をつんで走らなければならないが、電気機関車は燃料をつまなくてもよい分、大きなモーターをつんで、強く引っぱることができる。
- 今は、全国で貨物を運ぶ列車として活躍している。

交通・通信

電　車

| 明治時代 | 1912年 大正時代 | 1926年 1930 昭和時代 | 1940 太平洋戦争 | 1950 高度経済成長期 | 196 |

チンチン電車

専用軌道の電車

地下鉄

- 1895年 チンチン電車が京都に登場
- ★ 1903年 東京・大阪にチンチン電車が登場
- ★ 1904年 専用軌道の電車が登場
- ★ 1927年 地下鉄が登場

チンチン電車（路面電車）が登場

日本初の電車

専用の線路を走る電車が登場

初の専用軌道の電車

（小野田滋蔵）

電車には線路と、電気を取りいれる架線が必要なんじゃよ。

「電車」といわれてまず思いうかぶのは、この専用の線路を走る電車だね。

- 日本ではじめての電車はチンチン電車だった。正しくは「路面電車」といい、車も人も通る道路に線路をしいて走らせる。
- 最初は京都に登場し、つづいて東京・大阪などにも広まった。
- 自動車がふえた1965（昭和40）年ごろからへりはじめた。しかし、まちなかを移動するのに便利なことから見なおされ、最近では各地で路面電車を復活させる動きも出てきた。

- 専用軌道の電車は、甲武鉄道（今のJR中央線・総武線）で運行されたのがはじまり。このころは蒸気機関車（→118ページ）もいっしょに走っていた。
- この電車が発達して特急列車や新幹線も登場した（→くわしくは122ページ）。

6月10日は「路面電車の日」に定められている。路面の「路」が6、電車の「電」が10（英語でテン）という語呂合わせだ。

日本にはじめて蒸気機関車が走って20年ほどして、電車が登場した。チンチン電車にはじまって、専用の線路の電車と地下鉄がそれにつづいた。最初はぜいたくな乗り物だったが、運賃が安くなり、路線も広がって、人々の便利な足になった。

| 1970 | 1980 | 1989年 | 2000 | 2010 |

（くらしがきゅうに大きくかわったころ）　昭和時代　　平成時代

無人運転電車など

★……1981年 無人運転の電車が登場

★……1990年 リニアモーターカー（車輪式）の運転がはじまる

地下鉄が登場

日本初の地下鉄

地下鉄開業当時のポスター

大きなまちにはかかせない乗り物だね。

- 最初の地下鉄は、東京の上野と浅草の間をむすんだ。1933（昭和8）年には大阪に登場し、梅田と心斎橋の間をむすんだ。
- 1950（昭和25）年ごろから建設が進み、都会になくてはならない乗り物になった。地上を走る電車ともつながり、より便利になった。

無人運転やリニアも登場

無人運転電車

日本初の無人運転電車（神戸新交通ポートアイランド線）

リニアモーターカー

日本ではじめて実用化された車輪式のリニアモーターカー（大阪市営地下鉄長堀鶴見緑地線）

電車はどれも同じかと思っていたけど、いろいろなくふうがあるのね。

- 無人運転の電車は、コンピューターからの指令を受けて自動的に発進し、決まった場所で止まる。まずは神戸で運行がはじまり、つづいて大阪、東京、横浜などにも登場した。
- 車輪式のリニアモーターカーはふつうの電車よりも小型につくることができ、坂道やカーブに強い。大阪をはじめ、東京や横浜の地下鉄に多く取りいれられている。

交通・通信

特急・新幹線

| 明治時代 | 大正時代 | 昭和時代 | 太平洋戦争 | 高度経済成長期 |

1912年　1920　1926年　1930　1940　1950　196

特急列車

★……1912年 最初の特急列車が新橋(東京)－下関(山口県)間をむすぶ　　1964年 東海道新幹線が開通……
　★……1930年 特急「つばめ」が東京－神戸(兵庫県)間をむすぶ
　　　　1958年 電車特急「こだま」が東京－大阪間をむすぶ……★

特急が登場した

特急「つばめ」

電車特急「こだま」
(小野田滋蔵)

新幹線が登場した

新幹線0系

最初のころの特急は蒸気機関車だったんじゃ。

「夢の超特急」とよばれて、人気を集めたんだ。

- 最初の特急列車は100年ほど前に登場。東京から大阪まで12時間ほどかかった。1930(昭和5)年に「つばめ」が登場し、ほぼ同じ距離を8時間20分で走るようになった。
- 太平洋戦争後には、はじめての電車の特急「こだま」が登場。東京と大阪を6時間50分でむすんだ。

- 世界一速い列車として登場した。開業当時の最高時速は210kmで、東京と新大阪を4時間でむすんだ。
- それまでの日本の鉄道よりも線路のはばを広くすることで、スピードが出せるようになった。
- こののち全国に新幹線がつくられた。

特急電車のはじまりはおよそ100年前。最初のころは、東京から大阪まで12時間もかかっていた。新幹線は、1964（昭和39）年の東京オリンピックにあわせて開通。その後、スピードアップが進み、全国の都市をむすぶようになった。

| 1970 | 1980 | 1989年 | 2000 | 2010 |

（くらしがきゅうに大きくかわったころ）／平成時代

 新幹線　　　　　　　　　　　　　　　　　超電導リニア技術

★……1972年 山陽新幹線が開通　　　　★……1997年 秋田新幹線・北陸（長野）新幹線が開通
　　★……1982年 東北・上越新幹線が開通　　★……2004年 九州新幹線が開通
　1992年 山形新幹線が開通……★　　　　　　★…2007年 新幹線N700系が登場

時速300kmにアップした

新幹線N700系

北陸新幹線
（2015年開業予定）

東京から日帰りで大阪に行くのも楽になったね。

- 2007（平成19）年に登場したN700系は、最高時速300km（山陽新幹線の区間）。東京と新大阪を2時間25分でむすんでいる。
- 2015（平成27）年3月には、北陸新幹線の長野ー金沢間が開業した。2016（平成28）年には、北海道新幹線の新青森ー新函館北斗間が開業した。

超電導リニアが登場予定

超電導リニアの中央新幹線

（写真提供：JR東海）

東京から大阪に、1時間ほどで行けるようになるんだね。

- 超電導リニアは、磁力で車両をうき上がらせて進む。1962（昭和37）年に研究がはじまった。
- この技術を取りいれる中央新幹線は、最高速度が時速500kmで、2027年に東京と名古屋を最速40分、2037年には東京と大阪を最速67分でむすぶことをめざしている。

交通・通信

きっぷと改札

| 明治時代 | 大正時代 | 昭和時代 | 太平洋戦争 | 高度経済成長期 |

1912年　1920　1926年　1930　1940　1950　19

人の手での出札・改札

自動券売機

★……1926年 国鉄（今のJR）の東京駅と上野駅に自動入場券売機がおかれる

すべて人の手でやっていた

出札のようす
改札のようす

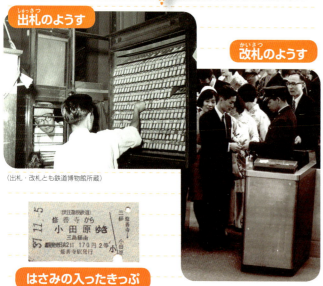

（出札・改札とも鉄道博物館所蔵）

はさみの入ったきっぷ

駅員さんは、駅の名前と運賃をおぼえたり、きっぷ切りのわざをみがいたりして、がんばっていたんじゃ。

- 出札は、きっぷを売る駅の窓口のこと。昔は駅員が、乗客から行き先をきいて、きっぷを売っていた。
- 改札では、駅員がきっぷにはさみで切れ目を入れたり、おりてきた人のきっぷをたしかめて受けとったりした。はさみの切れ目の形で、乗った駅がわかるしくみになっていた。

きっぷを売る機械が登場

登場を伝える記事

（いずれも『鉄道時報』より。鉄道博物館所蔵）

登場したころの自動券売機

ずいぶん昔から自動で売っていたんだね。

- 自動券売機はまず、東京の東京駅と上野駅に登場した。お金を入れ、ハンドルを回したり、ボタンをおしたりすると、きっぷが出てきた。今のガチャガチャのような機械だった。
- にせもののお金を見わけることもできたという。
- 60年ほど前から、今のような自動券売機が広まった。

今はカードや携帯電話をタッチして、自動改札を通ることが多い。でも、それらがなかったころは、駅員がきっぷを売り、改札ではさみを入れていた。この100年ほどの間に、駅員の仕事の一部が機械の仕事へとうつっていったんだ。

```
1970        1980        1989年        2000        2010
(くらしがきゅうに大きくかわったころ)  昭和時代              平成時代
```

自動改札機
★……1967年 自動改札機が大阪・北千里駅に登場

IC電子カードなど
★……2001年 Suicaが登場
2006年 モバイルSuicaが登場……★

自動改札機が登場

最初の自動改札機
（大阪・北千里駅）

自動改札機の登場にあわせて、きっぷも磁気のものにかわったんだ。

- 最初の自動改札機は、きっぷや定期券を入れると、両側のレバーがひっこんで通れるしくみだった。
- きっぷと定期券の改札はべつべつだった。きっぷは磁気、定期券はパンチ穴を読みとるしくみだった。
- 改札にかかる時間が短くなった。

タッチするだけで通れるように

IC電子カード（Suica）

モバイルSuica

きっぷを買うということが、だんだんなくなってきたわね。

- SuicaなどのIC電子カードは、あらかじめお金をカードにチャージしておき、自動改札にタッチして通る。
- モバイルSuicaは、専用のアプリを入れた携帯電話やスマートフォンで、改札をタッチして通ることができる。
- IC電子カードはSuicaのほか、中部地方のTOICA、西日本のICOCAなどが各地で使われている。

道路の信号機

交通・通信

| 明治時代 | 大正時代 | 昭和時代 | 太平洋戦争 | 高度経済成長期 |

1912年　1920　1926年　1930　1940　1950　196

手動の信号機   自動式信号機 押ボタン式信号機など

★……1919年 日本初の信号機が登場　★……1934年 押ボタン式信号機が登場

★……1930年 自動式信号機が登場

1955年 目の不自由な人向けの信号機が登場……★

信号機が登場した

日本初の信号機

（『警視庁史　大正編』より）

最初は「止」などと書かれた木の板だったんじゃ。

- 大正時代になると、人や電車に加え、自動車がふえてきた。警察官が手を動かし、声をからしながら交通整理をおこなっても、あまりききめがなかったため、よりわかりやすい交通整理の手だてとして、信号機が使われだした。
- 東京の上野に設置されたのがはじまりだ。警察官が手で動かして合図をしていた。

緑・黄・赤になった

登場したころの自動式信号機

今と同じ3つの色になったんだね。

- 交通量がさらにふえ、緑・赤・黄の3つの色が自動で切りかわる信号機がおかれるようになった。
- はじめは「赤」や「緑」の意味がわからなくて、かってに道をわたってしまう人がけっこういた。警察は、信号のところに警察官を立たせたり、緑に「ススメ」、赤に「トマレ」と書いたりして注意をうながした。

日本に信号機が登場したのは100年ほど前。最初は警察官が「止」と書いた木の板を手で動かしていたが、のちに緑・黄・赤の信号機になった。今はより見やすく、省エネの効果もあるLED電球の信号機が使われるようになった。

| 1970 | 1980 | 1989年 | 2000 | 2010 |

（くらしがきゅうに大きくかわったころ）｜昭和時代｜平成時代

★……1994年 LED信号機が登場

押ボタン式などが登場した

最初の押ボタン式信号機
（警察庁HPより）

（今のもの）

目の不自由な人向けの信号機

子どもや障害をもつ人も、安心してわたれるようにくふうされたのね。

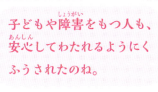

● 押ボタン式信号機は、交通のはげしい大きな道路を、子どもたちが安全にわたれるように設置された。今は人通りの少ない夜間だけ、押ボタン式に切りかわる信号機も使われている。
● 目の不自由な人向けの信号機は、太平洋戦争後に登場した。はじめは緑になると、ベルの音を鳴らしていた。今は鳥の声やメロディーが流れるようになっている。

見やすく省エネな信号機に

LED信号機

使う電力が少なく、長もちするLED電球を使っているんだって。

● LED電球（→45ページ）を使った信号機。
● 省エネなだけでなく、緑・黄・赤の部分があざやかで見やすくなり、朝日や夕日が反射して光ることがないので、見まちがいがへっている。
● 歩行者用の信号機には、待ち時間が表示されるものもある。

127

バス

交通・通信

| 明治時代 | 大正時代 | 昭和時代 | 太平洋戦争 | 高度経済成長期 |

1912年　1920　1926年　1930　1940　1950　1960

車掌がいるバス

★……1903年 路線バスが登場　　★……1920年 女性車掌（バスガール）が登場

★……1938年 木炭バスが登場

1951年 大阪でワンマンバスが登場……★

バスが登場した

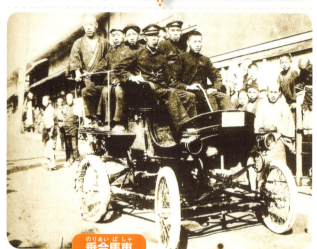

乗合馬車

京都に登場したバス

（『風俗画報』より）

昔は、乗合馬車がバスのかわりをしておったのじゃ。

- 1903（明治36）年に、京都で登場した。外国から輸入した車を使い、10人ほどの客を乗せていた。このバスには屋根がなく、雨の日は休みだった。
- はじめは故障やパンクが多く、あまり広まらなかったが、大正時代になって全国各地で使われはじめた。

車掌が登場した

女性車掌とボンネットバス
（1955年ごろの写真）

木炭からガスを取りだす装置

木炭バス
（復元されたもの）

車掌さんは運賃を集めたり、発車の合図をしたりしていたのよ。

- 1920（大正9）年に、女性車掌（バスガール）が登場。制服姿でさっそうと活躍し、女の子たちのあこがれとなった。
- 当時のバスはボンネットバスといい、写真のように大きく前につきだしたボンネットにエンジンが入っていた。
- 太平洋戦争のときには燃料が不足したため、木炭を蒸し焼きにしたガスで走る木炭バスも使われた。

市町村などがかかわって、地域の公共交通として運行するバスをコミュニティバスという。

バスは110年ほど前に登場し、だんだん全国に広まった。形も、前がつき出たボンネットバスから、箱形のバスへとうつりかわった。今は環境にやさしく、バリアフリーのバスも広まり、地域の人々の便利な足がわりとして活躍している。

1970	1980	1989年	2000	2010
(くらしがきゅうに大きくかわったころ)	昭和時代		平成時代	

ワンマンバス

エコ・バリアフリーのバス

★……1991年 ハイブリッドバスが登場
★……1995年 コミュニティバスが東京で登場（→128ページ）
★……1997年 ノンステップバスが登場

ワンマンバスになった

ワンマンになったころのバス

運転手さん1人（ワンマン）だけのバスという意味だよ。

- 車掌のいないバス。運賃の受けとりやドアの開けしめといった車掌の仕事を、機械がおこなうようになった。
- 深夜の時間帯に走らせるバスの車掌が不足したことや、自家用車がふえ、バスの利用客がへってきたことなどから、ワンマンバスがふえていった。
- このころから今のような箱形のバスも広まりはじめた。

エコやバリアフリー化が進んだ

ハイブリッドバス

ノンステップバス　　車いすの人が乗りおりのときに使う渡り板

今は、ほとんどのバスに、こういうくふうがされているね。

- ハイブリッドバスは、エンジンと電気のモーターを組みあわせて走るバス。それまでのバスよりも排気ガスをへらせる。
- ノンステップバスは床が低く、バスの中の段差をなくしたもので、お年よりや小さな子ども、そして車いすの人もむりなく乗りおりできるようになった。

トラック

交通・通信

明治時代	大正時代	昭和時代	太平洋戦争	高度経済成長期
	1912年	1926年 1930	1940	1950 19

荷馬車・大八車   トラック

- 1898年 ドイツでトラックが開発される
- 1903年 日本にトラックが登場
- 1907年 国産初のトラックが登場
- ★ 1923年 関東大震災がおこる。復旧作業にトラックが活躍
- 1945年 太平洋戦争が終わり、トラックが大量につくられる

🧑 馬や人の力で運んでいた

荷馬車

大八車

> トラックが出てくる前に重いものを運ぶのは、たいへんだっただろうなあ。

- 荷馬車は馬の力で重たいものを運ぶ道具。農村では、高度経済成長期まで広く使われていた。
- 大八車も昔から広く使われ、昭和時代のはじめまで活躍していた。ひとりで8人分の仕事ができるので「大八車」という名前になったともいわれる。

👴 トラックが登場した

日本にはじめて登場したトラック

関東大震災後のトラック

> 関東大震災をきっかけに、広く使われるようになったそうだよ。

- 日本初のトラックは、フランスから輸入された。デパートが、客の買ったものを配達するのに使った。
- 1923（大正12）年におこった関東大震災の直後、救助活動や物資を運ぶのにトラックが大活躍した。これをきっかけに、全国各地でトラックの台数が大はばにふえた。

📖 10月9日は「トラックの日」。トラックでの輸送について知ってもらうため、各地でさまざまなイベントがおこなわれる。

トラックは、わたしたちの毎日のくらしにかかせない。スーパーやコンビニに商品を運び、引っこしや宅配便にも活躍している。太平洋戦争後の産業のたてなおしをささえ、大災害のときの救援物資の輸送などでもたよりにされている。

	1970	1980	**1989年**	2000	2010
（くらしがきゅうに大きくかわったころ）	昭和時代			平成時代	

★……1965年 名神高速道路が開通。こののち全国各地で高速道路の建設が進む
　　　★……1976年 宅配便が登場
　　　　　　　　　　　　　　★……1995年 阪神・淡路大震災がおこる
　　　　　　　　　　　　　　　2011年 東日本大震災がおこる……★

陸上輸送の主役になった

高速道路を走るトラック
（1963年の写真）

三輪トラック
小回りのきくトラック。
1960年ごろまで使われた

さまざまなトラックが活躍

大型トラック

軽トラック

トラックは工場や産地から直接、お店まで運んでくれるから便利なんだよね。

- 太平洋戦争が終わってから、より速く、より多く輸送するのに役立てるため、トラックが大量につくられるようになった。
- 50年ほど前から、全国で高速道路の整備が進み、トラックが陸上輸送の主役となった。

今では、船よりも多くの荷物を、全国に運んでいるんだって。

- 使いみちごとに、大型のトラックから軽トラックまで、さまざまな大きさや形のトラックが活躍している。
- 積み荷でとくに多いのは、すばやくとどけなければならない野菜、魚、肉などの生鮮食品だ。
- 1995（平成7）年の阪神・淡路大震災、2011（平成23）年の東日本大震災でも、トラックが救援物資の輸送に活躍した。

交通・通信

飛行機（ひこうき）

明治時代	1912年 大正時代	1926年 昭和時代	太平洋戦争	高度経済成長期
		1920　　　　　1930　　　1940　　　1950　　1960		

プロペラ機

★……1888年 二宮忠八が「カラス型飛行器」を飛ばすのに成功
★……1903年 アメリカのライト兄弟が飛行機の初飛行に成功
　　……1911年 国産の飛行機が初飛行に成功
★……1922年 日本で民間の定期便が運行をはじめる
★……1936年 アメリカで本格的な旅客機が登場
　　1952年 イギリスでジェット旅客機が登場……

飛行機が発明された

ライト兄弟の初飛行

エンジンでプロペラを回して飛んだ

【左】兄のウィルバー
【右】弟のオービル

カラス型飛行器

二宮忠八

> 飛行機の歴史はここからはじまったんじゃ。

- アメリカのライト兄弟は1903（明治36）年、自作の飛行機で260mの距離を飛ぶのに成功した。それまでは、空気よりも重い機械が空を飛べるとは思われていなかった。
- その15年前に、日本の二宮忠八が「カラス型飛行器」を飛ばすのに成功していた。人が乗る飛行機をつくる夢はかなわなかったが、二宮は「日本の航空機の父」とよばれている。

プロペラ機が活躍した

ダグラスDC-3

YS-11

> 技術が進み、多くの人を運べるようになったんだ。

- 1936（昭和11）年、アメリカで本格的なプロペラ旅客機「ダグラスDC-3」が登場。20～30人の乗客を乗せて、2000kmをこえる距離を飛ぶことができた。最高時速は300kmをこえた。
- 日本でも50年ほど前に、戦後初の国産の旅客機「YS-11」が登場。60人乗りで1800kmほど飛ぶことができた。

人類ははるか昔から、鳥のように空を飛ぶことを夢みていた。110年ほど前にアメリカのライト兄弟が飛行機を発明して以来、より速く、より遠く、より安く飛べるようくふうが重ねられてきた。今は多くの人が気軽に飛行機を利用できるようになった。

| 1970 | 1980 | 1989年 | 2000 | 2010 |

(くらしがきゅうに大きくかわったころ) 　昭和時代　　平成時代

ジェット機

- ★……1962年 戦後初の国産旅客機が初飛行
- ★……1969年 ジャンボジェットが登場
- 　　　　コンコルドが登場
- 2005年 世界初の2階建てジェット旅客機が登場……★
- 2009年 ボーイング787が登場……★
- 2020年 三菱リージョナルジェットが運行開始予定……★

ジェット機の時代になった

ジャンボジェット

コンコルド

©Dean Morley

たくさんの人が、ジャンボジェットで海外へ行くようになったのよ。

- 1952（昭和27）年に、それまでのプロペラ機の2倍の速さで飛べるジェット旅客機が、イギリスで登場した。
- 1969（昭和44）年には300〜500人を乗せて飛べるジャンボジェットが登場した。
- 同じ年に、音が伝わるスピードの2倍をこえる速さで飛ぶ旅客機「コンコルド」が、ヨーロッパで登場した。

世界中が空でむすばれた

ボーイング787

三菱リージョナルジェット

どんどん気軽に乗れるようになってきたんだね。

- 大型の旅客機が活躍するいっぽうで、ボーイング787のような200〜300人乗りの中型機も多く見られるようになった。
- 日本では小型旅客機の開発が進められている。写真の三菱リージョナルジェットは70〜80人乗りで、2020年からの運航をめざしている。

船

交通・通信

| 明治時代 | 1912年 大正時代 | 1926年 昭和時代 | 太平洋戦争 | 高度経済成長期 |

帆船
蒸気船
ディーゼル船

★……1908年 国産初のタンカーが登場
……1853年「黒船」が浦賀（神奈川県）に来航
★……1926年 国産初のディーゼル船が登場
……1860年 咸臨丸がアメリカへとわたる
1956年 アメリカでコンテナ船が登場……★
……1892年 ドイツでディーゼルエンジンが発明される

風と人の力で動かした

弁才船（模型）
帆
舵　ここを動かして向きをかえる

帆に風を受けて進む船じゃ。「帆船」というんだ。

● 帆船は手こぎの船とならび、もっとも古くからある船で、何千年も前から世界各地で人や物を運んできた。
● 弁才船は、400年以上前から明治時代にかけて、日本で使われた。風の力を帆に受けて進み、後ろについた舵で向きをかえた。日本各地をむすんで荷物を運んだ。

蒸気のエンジンで動かした

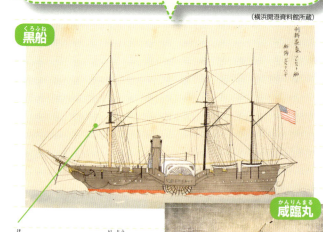

黒船（横浜開港資料館所蔵）
咸臨丸（木村家所蔵・横浜開港資料館保管）

帆をはり、風の力も利用していた

石炭をたいて、エンジンの力で進む船だよ。

● 蒸気船が日本に登場したのは1853年。アメリカの軍艦がやってきた。巨大で、煙をもうもうと上げるまっ黒な軍艦を、人々は「黒船」とよんだ。
● このときのショックから、日本でも蒸気船の研究が進み、わずか7年後には蒸気船「咸臨丸」で、太平洋を横断してアメリカへとわたれるまでになった。

船は人間が発明した、もっとも大事なもののひとつ。昔の船は風と人の力で動かしていたが、蒸気船が登場して機械の動力で進めるようになった。その後、より強力なディーゼル船が登場し、今はおもに荷物を世界各地へと運ぶのに活躍している。

| 1970 | 1980 | 1989年 | 2000 | 2010 |

（くらしがきゅうに大きくかわったころ）　**昭和時代**　　　　**平成時代**

コンテナ船・大型タンカー

★……1965年ごろから タンカーの大型化が進む

★……2001年 スーパーエコシップの研究がはじまる

より強力な**エンジン**が登場

国産初のディーゼル船

スクリュー
（今のもの）

今の船は、ほとんどがディーゼルエンジンで動いているよ。

- ディーゼル船は、石油を燃料にしたエンジンでスクリューを回して進む船。
- 蒸気船よりもずっと力が強くてスピードもあり、船体を大きくすることができた。
- 国産のディーゼル船は90年ほど前に登場。外国はもちろん、国内でも人や物を大量に運んだ。

巨大な**船**が世界をむすぶ

超大型タンカー

コンテナ船

スーパーエコシップ
（完成予想図）

たくさんの荷物を一度に運ぶには、船がいちばんみたいだね。

- タンカーは、石油やガスを大量につみこんで運ぶ船。今は東京タワーの高さよりも長い超大型タンカーも活躍している。
- コンテナ船は、荷物を入れたコンテナごとつみこめる船。食品や日用品、工業製品などを運んでいる。
- 今は排気ガスの中の有害な物質をへらすことのできる「スーパーエコシップ」の開発も進んでいる。

消防自動車

社会・産業

| 明治時代 | 1912年 大正時代 | 1926年 昭和時代 | 太平洋戦争 | 高度経済成長期 |

蒸気ポンプ
消防車
化学消防車など

- 1884年ごろ 蒸気ポンプ車が広まりはじめる
- ★ 1911年 ドイツからポンプ車が輸入される
- 1923年 関東大震災がおこる
- ★ 1933年 救急車が登場
- ★ 1941年 国産初の消防車が登場
- 1949年 化学消防車が登場 ★

馬や人がポンプをはこんだ

馬引き蒸気ポンプ

龍吐水（模型）

今のようにすばやく火災現場へかけつけることはできなかったんじゃ。

- 蒸気ポンプは、石炭を燃やして湯をわかし、蒸気で動かすポンプ。ポンプが動きだすまでに、20分ほどかかっていた。
- 龍吐水は江戸時代に使われたポンプ。箱に入れた水を手おしのポンプでふき出させる。そのようすが、龍が水をはくようだとして、龍吐水の名がつけられた。

消防車が登場した

ポンプ車（1924年のもの）

はしご車（1925年のもの・模型）

今見ても、すごくかっこいい消防車だね。

- はじめはヨーロッパから輸入した消防車が使われた。国産の消防車は1941（昭和16）年になって登場した。
- 写真のポンプ車とはしご車は、どちらも1923（大正12）年の関東大震災後から使われた。この震災は火災の被害がとても大きく、全国に消防車が広まるきっかけとなった。

消防車は100年ほど前に登場し、1923（大正12）年の関東大震災をきっかけに広まった。今は、高いビルや工場での火災も消しとめられる消防車もあり、大災害の救助に役だつ特別な消防車も活躍している。

1970	1980	1989年	2000	2010
（くらしがきゅうに大きくかわったころ）	昭和時代		平成時代	

救助車など

★……1967年 消防ヘリコプターが登場
　……1975年ごろから 高層ビル向けのはしご車が登場

★……1995年 阪神・淡路大震災がおこる
★……1996年 東京消防庁にハイパーレスキュー隊がおかれる
　　2011年 東日本大震災がおこる……★

さまざまな火災に対応できるように

化学消防車　　消防ヘリコプター

高層ビル向けのはしご車

工場や高層ビルでの火災を消しとめるために、さまざまな消防車が発達しているんだ。

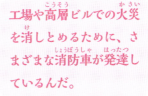

- 化学消防車は、空港や化学工場などの火災を消しとめる消防車。水ではなく、消火剤をかけて消しとめる。
- 高層ビル向けのはしご車は、地上40～50mまではしごがとどく。
- 消防ヘリコプターは、高層ビル火災や山火事を消しとめたり、急病人を病院へすばやく運んだりする。

こんな消防車も活躍しているね

- 1995（平成7）年におきた阪神・淡路大震災をきっかけに、災害のときにかけつける特別部隊「ハイパーレスキュー隊」が東京消防庁におかれた。こうした特別部隊が今は各地におかれ、特別な性能をもつさまざまな車が活躍している。
- 救助車は、建物やがれきの下で動けなくなった人を電磁波でさがし出す装置や、障害物を切りさく強力なカッターなどをつみこんでいる。
- 特殊災害対策車は、放射線をふせぐために車体を鉛などでおおった車。2011（平成23）年におきた東日本大震災のとき、原子力発電所の事故の現場で活動した。

救助車
特殊災害対策車

白バイ・パトカー

社会・産業

| 明治時代 | 大正時代 | 昭和時代 | 太平洋戦争 | 高度経済成長期 |

1912年　1920　1926年　1930　1940　1950　196

赤バイ／白バイ

★……1918年 交通取りしまり用の「赤バイ」が登場
1936年 白バイが登場……★　1955年 パトカーの色が白と黒になる……★
1950年 パトロールカー（パトカー）が登場……★

車も馬車も入りみだれていた

昔の道路の混雑のようす

みんな気ままに道路を動きまわっているなあ。事故がおこってもふしぎじゃないね。

- 交通の取りしまりが本格的におこなわれる前は、自動車や馬車、自転車が道路に入りみだれていた。
- 警察官が交通整理にあたることもあった。ただ、交通専門の警察官が登場するのは、赤バイと同じ1918（大正7）年になってからだ。

「赤バイ」が登場した

赤バイ

自動車の数がふえ、交通事故が多くなってきたことから登場したんじゃ。

- おもに交通を取りしまるバイク。はじめのころは、自動車の時速が16kmをこえると、取りしまることになっていた。このスピードはマラソン選手よりも少しおそいくらいだ。
- 車体は最初、赤かったが、消防の乗り物と見わけがつかないなどの理由で、のちに白くぬるようにした。これが白バイだ。

大都市で自動車がふえ、交通事故が多くなった100年ほど前から、交通違反の取りしまりが本格的にはじまった。最初は「赤バイ」が使われた。これがのちの白バイだ。太平洋戦争の後にはパトカーも登場した。

2007年ごろから パトカーにカーナビがつけられる……★
2010年 LED赤色灯のパトカーが登場……★
2013年 LED赤色灯の白バイが登場……★

パトカーが登場した

登場したころのパトカー
（『警察庁史 昭和中編（上）』より）

最初のころは、白い車だったんだね。

カーナビやLED赤色灯がついた

今のパトカー

今の白バイ

新しい技術を、いろいろ取りいれているんだね。

- パトカーは、事故や事件の現場にかけつけるための警察の車。
- 最初はアメリカから輸入した車を使っていた。
- はじめは白い車だったが、のちにアメリカのパトカーを手本に下半分が黒くぬられるようになった。道路で目だつようにするためだ。

- 今のパトカーにはカーナビがついている。110番を受けつける通信指令本部から、事故や事件の現場の住所などがカーナビに送られ、より早くかけつけられるようになった。
- 白バイもパトカーも、電気を節約できるLED電球が、赤色灯に使われるようになった。

139

街灯

社会・産業

| 明治時代 | 1912年 | 大正時代 | 1926年 | 昭和時代 | 1940 | 太平洋戦争 | 1950 | 高度経済成長期 | 19 |

ガス灯　　　　　電球の街灯

……1871年 大阪にガス灯が登場
……1878年 日本ではじめてアーク灯がともされる
……1900年ごろ 白熱電球の街灯が登場
　　　　　　　　　　　　　　　　　1950年ごろ 蛍光灯の街灯が使われはじめる……★
　　　　　　　　　　　　　　　　　1960年ごろ 水銀灯の街灯が使われはじめる……

街灯が登場した

ガス灯　東京ガス ガスミュージアムに設置されているガス灯

最初はものめずらしかったものだから、見物人がたくさんおしよせたんじゃ。

- ガス灯は、ガスを燃やして光らせる街灯。夕ぐれどきになると、ガス栓を開き、火をつけてともしていた。これが日本ではじめての街灯だ。
- その後、電気でともすアーク灯が登場し、その光の強さに、みんなおどろいたという。電球や蛍光灯とは光るしくみがちがい、まぶしすぎるなどの理由で使われなくなった。

白熱電球の街灯が登場

白熱電球の街灯（模型）
かさ

わたしの若いころは、街灯といえばこの形だったわね。

- 白熱電球はアメリカの発明家・エジソンによって1879（明治12）年に発明され（→44ページ）、その20年ほど後には、日本でも街灯に使われるようになった。
- 雨よけのかさがついていた。木の電信柱にとりつけられることが多かった。
- 50年ほど前まで広く使われていた。

昔の夜道は暗く、月明かりや、ちょうちんの灯がたよりだった。日本に街灯が登場したのは140年ほど前。はじめは大きなまちにガス灯がおかれ、それから電気で光る白熱電球、蛍光灯が、今は省エネのLED街灯が広がりはじめている。

1970　1980　1989年　2000　2010

（くらしがきゅうに大きくかわったころ）／昭和時代／平成時代

蛍光灯の街灯

LED街灯

★……1990年ごろ 太陽光発電の街灯が使われはじめる
★……1993年ごろ LED電球の街灯が使われはじめる
2011年 東日本大震災がおきる……★

蛍光灯・水銀灯が広まる

蛍光灯の街灯

水銀灯の街灯

今、ふつうに使われている街灯だね。

- 蛍光灯を使った街灯は白熱電球の街灯にくらべて、使う電力が少なく、長もちする。
- 1964（昭和39）年の東京オリンピックを前にして、まちの整備が進められたころから、広く使われるようになった。
- 蛍光灯と同じころに、より明るい水銀灯の街灯も使われるようになった。おもに、はばの広い道で使われている。

エコな街灯が登場

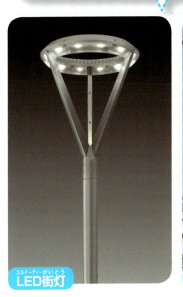
LED街灯

風車
太陽電池パネル
太陽光・風力の街灯

長もちする電球を使ったり、太陽電池を利用したりしているんだね。

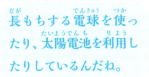

- LED電球は、蛍光灯よりも3～4倍長もちで、使う電力も少ない（→45ページ）。2011（平成23）年の東日本大震災をきっかけに、LED街灯への切りかえが進められている。
- そのほか、太陽電池や、風車でおこした電気で点灯する街灯も使われるようになった。

ごみ箱

| 明治時代 | 1912年 大正時代 | 1926年 昭和時代 | 太平洋戦争 | 高度経済成長期 |

家の前のごみ箱

・1900年 ごみ処理を全国の市が受けもつことになる
　家の前にごみ箱をおくようになる

★……1929年 東京にごみ焼却炉ができる
　1955年 ごみ収集専門の車(パッカー車)が登場……★
　1961年 ごみ用のポリバケツが売りだされる

ごみは宝だった

木くず拾い

紙くず買い

ごみ拾い

灰買い
(『世渡風俗圖會』より)

とにかく、ものはむだにしなかったんじゃ。使えるものはくりかえし使ったんじゃ。

- 木くずは風呂の燃料に、紙くずはたきつけなどに使われた。
- 灰はおもに洗剤がわりに使われ、紙・布や金属もリサイクルされた。
- 家々を回って、ごみを引きとる人もいた。
- 生ごみは犬やニワトリのえさにしたり、田畑の肥料にしたりした。

ごみ箱が家の前におかれた

家の前のごみ箱

最初は木製だった。1955(昭和30)年ごろから、コンクリート製のものも登場した

生ごみを出すようす

役所が、ごみを集めてくれるようになったんだ。

- 1900(明治33)年、伝染病対策のため、ごみ処理は全国の市が受けもつことが法律で決められた。これにともなって、家々の前においたごみ箱にごみを出すようになった。
- 集められたごみは、海や谷間をうめたてるのに使われた。
- 生ごみはのちに、伝染病をはやらせないため、集めて燃やされるようになった。

1971(昭和46)年に東京都は、あふれるごみと焼却場不足の問題から、「ごみ戦争」宣言を出し、対策につとめた。

昔、ごみはむだなくリサイクルされていた。1900（明治33）年から、役所がごみを集めるようになり、ごみは家の前のごみ箱に出すことになった。その後、ごみ箱やごみの出し方がどのようにうつりかわったのか、東京を例に見てみよう。

★……1964年 家の前のごみ箱がとりやめられる
★……1970年ごろから ポリ袋での回収がはじまる
★……1971年 東京都が「ごみ戦争」宣言を出す（→142ページ）
★……1993年 環境基本法ができる
★……1995年 容器包装リサイクル法ができる
★……2000年 循環型社会形成推進基本法ができる

ポリバケツが登場した

収集のようす

細かく分別して役だてる

資源ごみの箱

ポリ袋に入れられたごみ

パッカー車

ごみ収集のたびに、家の外にポリバケツを持ちだすやり方になったのよ。

- 1964（昭和39）年の東京オリンピックを前に、東京23区では、家の前のごみ箱を取りさった。まちを美しく見せたいのと、交通のじゃまになるからという理由だった。
- ごみ箱にかわってポリバケツが使われた。このバケツにごみを入れ、決められた日時に外に出しておくことになった。
- ごみ収集専門の車（パッカー車）も活躍するようになった。

びん・缶・ペットボトル……。資源ごみは、きちんと分けて出さなきゃね。

- 2000（平成12）年までに、環境基本法と循環型社会形成推進基本法という法律ができた。環境を守り、ごみをへらしていこうという国の考え方がしめされた。
- 1995（平成7）年に容器包装リサイクル法が定められ、びん・缶・ペットボトルなどのリサイクル・リユースの取りくみがはじまった。
- ごみは分けて、袋に入れるなどして出すようになった。

社会・産業

買い物の袋

| 明治時代 | 大正時代 | 昭和時代 | 太平洋戦争 | 高度経済成長期 |

1912年 / 1920 / 1926年 / 1930 / 1940 / 1950 / 19

買い物かごなど

クラフト袋

昔は、白い紙袋や新聞紙の袋でつつんでもらったりもしたよ。

1950年ごろ クラフト袋が使われはじめる……★

買い物かごを使っていた

買い物かご

鍋

竹の皮と経木

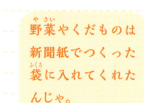

野菜やくだものは新聞紙でつくった袋に入れてくれたんじゃ。

- 買い物かごに、さいふを入れて持っていき、買ったものを入れていた。
- 水気があるとうふやこんにゃくなどは、家から持っていった鍋に入れてもらった。
- 肉や魚の切り身などは、木をうすくはいだ経木や、竹の皮につつんでもらった。

紙袋が登場した

クラフト袋

お店で袋をくれるようになったんだね。

- 封筒に使われている茶色の紙（クラフト紙）でつくられた、じょうぶな紙袋だが、水にぬれると、やぶれることもあった。
- 1950（昭和25）年ごろから登場しはじめたスーパーマーケットなどで多く使われ、おもに食べ物を入れた。

昔は、家からかごを持って買い物に行っていた。太平洋戦争後に、お店で紙袋に入れるようになり、それがプラスチックのレジ袋へとうつりかわった。でも、最近では環境のことを考えて、家からマイバッグを持っていく人がふえている。

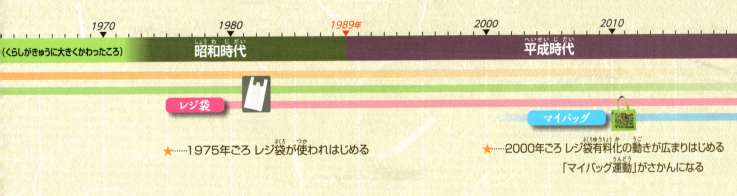

★……1975年ごろ レジ袋が使われはじめる

★……2000年ごろ レジ袋有料化の動きが広まりはじめる
「マイバッグ運動」がさかんになる

レジ袋が登場した

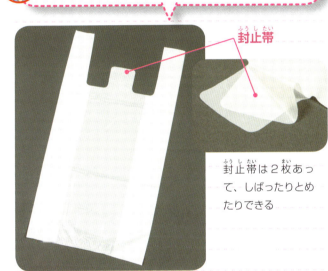

封止帯

封止帯は2枚あって、しばったりとめたりできる

レジ袋

じょうぶで、ぬれたものも入れられるから、あっというまに広まったのよ。

- レジ袋は、手さげがついていて持ちやすく、じょうぶで、中身が重くても、水にぬれてもやぶれない。入れたものが落ちないよう、封止帯がついている。
- 石油を原料に、大量に安くつくられた。クラフト袋よりもずっと値段が安く、かさばらないので、店にとっても、レジにたくさんおいておけて便利だった。

マイバッグを持っていくように

マイバッグ

エコバックともいう

有料のレジ袋

家から袋をもっていくというのは、昔と同じだね。

- レジ袋が大量に使われ、ほとんどがごみになったり、川や海に流れて動物たちに害をあたえていることから、むだに使わないようにしようという動きが広まった。
- レジ袋を有料にするお店がふえてきた。
- 家からマイバッグを持って、買い物にいく人がふえてきた。今はさまざまなデザインのものが売りだされている。

レジスター

社会・産業

| 明治時代 | 1912年 大正時代 | 1926年 昭和時代 | 太平洋戦争 | 高度経済成長期 |

そろばんと帳面 / 手で打ちこむレジスター

- 1897年 アメリカのレジスターが日本に輸入される
- 1904年 デパートが東京に登場
- 1919年 国産の本格的なレジスターが登場
- 1953年 スーパーマーケットが登場

そろばんと帳面を使っていた

帳場 / そろばん / 帳面
(『風俗画報』より)

「帳場」といって、ここが今のお店のレジスターがあるところじゃ。

- 客の買ったものをそろばんで計算し、いつ何が、どれだけ、いくらで売れたかを帳面につけておいた。
- 今のスーパーやコンビニエンスストアなどのように商品をならべておくのではなく、客がほしいものをたずね、店員がそれを取りだして売っていた。

レジスターが広まった

国産初の本格的なレジスター

世界初の電子レジスター

まずは明治時代に登場したデパートに、かかせない道具になったのよ。

- 1919（大正8）年には、レシートを出し、売り上げを記録して、その合計も出すことができる国産のレジスターが登場。今のレジスターのもととなった。
- 1971（昭和46）年には、コンピューターを使った世界初の電子レジスターが日本で登場した。

146

昔、店ではそろばんで計算し、それを帳面につけていた。このそろばんと帳面を合わせた道具がレジスターだ。お金の計算と、いつ、何をだれにいくらで売ったかを記録する。はじめは人が操作していたが、今は機械が読みとってくれる。

★……1971年 世界初の電子レジスターが日本で登場　★……1990年ごろ POSシステムのレジスターが広まる
★……1974年 コンビニエンスストアが登場
★……1979年 バーコードを読みとるレジスターが登場

バーコードを読みとるように

初のバーコード読みとり式レジスター

売り上げの記録をプリントアウトする

今のレジスターは、バーコード読みとり式がほとんどね。

- 商品のパッケージに印刷されたバーコードから、値段を読みとって計算し、記録するレジスター。
- 手で値段を打ちこむのではなく、機械が読みとるようになったことでまちがいがへった。また、レジにかかる時間も短くなった。

何が売れるかを調べる道具に

POSシステムのレジスター

いつ、どこでどんなものが売れたかのデータを集めているんだね。

- いつ、どの商品をどんな人が買ったのかが、その場でチェーン店の本部などに伝わるレジスター。
- チェーン店の本部はこうしたデータをもとに、足りなくなりそうな商品を送る。また、季節や店の場所ごとに、どんな商品が売れそうかを調べ、その商品を店へ送ったりしている。

社会・産業 飲み物の自動販売機

| 明治時代 | 1912年 大正時代 | 1926年 昭和時代 | 太平洋戦争 | 高度経済成長期 |

お店で買う

……… 1888年 たばこの自動販売機が発明される
★……… 1904年 切手とはがきの自動販売機が発明される

1957年 日本初の飲み物の自動販売機が登場……★

飲み物はお店で買っていた

こういうお店で買って、その場で飲んだラムネはうまかったなあ。

飲み物の売店
（1953年、大阪・天王寺動物園）

- 自動販売機がなかったころは、店の人にお金をわたして飲み物を買った。
- 店では、冷たい水の中に入れたり、大型の冷蔵庫などに入れて売っていた。
- 昔はコンビニエンスストアもなく、24時間、いつでも買えるというわけにはいかなかった。

飲み物の自動販売機が登場

10円玉を入れると、紙コップ1ぱい分の冷たいジュースが出てきたんだって。

飲料自動販売機
（登場したころのもの）

- スイッチをおすと冷たい水が出るしくみの、アメリカ製のウォータークーラーを手本に開発された。
- 自動販売機は最初にお祭りの会場に登場した。しかし、だれも使い方がわからなかった。そのため、自動販売機をつくった会社の社員がつきそって指導した。じっさいにジュースが出るのを見て、人々は歓声をあげたという。

自動販売機が日本に登場したのは1888（明治21）年。俵屋高七という人がつくったたばこの自動販売機だ。

飲み物の自動販売機が登場したのは60年ほど前だ。お金を入れると、紙コップにジュースがそそがれるものだった。その後、びん、缶の自動販売機が登場し、今では、買おうとする人に合った飲み物をすすめる自動販売機まで出てきている。

1970　1980　1989年　2000　2010

（くらしがきゅうに大きくかわったころ）　昭和時代　平成時代

紙コップの自動販売機

びん・缶の自動販売機

次世代自動販売機・ソーラー自動販売機

★……1962年 びんの自動販売機が登場　　　　2004年 電子マネーで買える自動販売機が登場……★

★……1970年 缶の自動販売機が登場　　　2010年 次世代自動販売機・ソーラー自動販売機が登場……★

★……1976年 コールドとホットの自動販売機が登場

自動販売機が広まる

缶の自動販売機

びんの自動販売機
（写真はどれも登場したころのもの）

コールドとホットの自動販売機

このころ、いろいろな自動販売機が出てきたんだね。

- びんの自動販売機は、お金を入れると、びんにかかったロックがはずれ、ドアを開けてびんを引きぬくしくみだった。
- びんにつづいて缶の自動販売機、コールドとホットの自動販売機といった、今もおなじみの自動販売機が登場した。こうした自動販売機は1970年代の中ごろから急にふえた。

ハイテク自動販売機も登場

次世代自動販売機

ソーラー自動販売機

タッチすれば買えて、広告もうつるなんて、時代も進んだものね。

- 次世代自動販売機は、画面にうつし出された飲み物の映像をタッチして買う。SuicaなどのIC電子カードも使える。季節やその日の天気、買う人が男か女か、年はいくつくらいかを感知して、おすすめの飲み物をうつしだす。
- 使う電気の一部を太陽光発電でまかなうソーラー自動販売機なども開発され、省エネのくふうも進んでいる。

社会・産業 田畑をたがやす道具

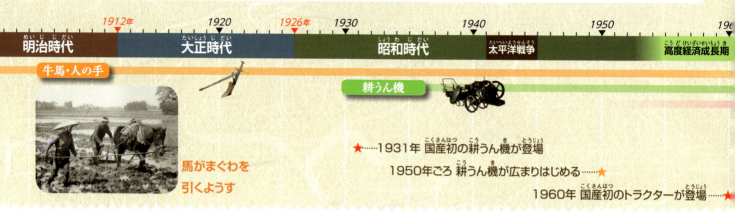

| 明治時代 | 1912年 大正時代 | 1926年 昭和時代 | 1940 太平洋戦争 | 1950 高度経済成長期 | 1960 |

牛馬・人の手

耕うん機

馬がまぐわを引くようす

★……1931年 国産初の耕うん機が登場
1950年ごろ 耕うん機が広まりはじめる……★
1960年 国産初のトラクターが登場……★

牛馬や人の手でたがやした

すき（犂）
牛や馬につなぐ
土をほりおこす
手で持って、向きをかえたり、深さを調節する

まぐわ　くわ　すき（鋤）

くわとすきは、どちらも土をほりおこす道具なんじゃ。

耕うん機が登場

ハンドル
土をたがやすつめ

登場したころの国産の耕うん機

牛や馬の力が、機械の力におきかわったということだよ。

- すき（犂）やまぐわは、牛や馬に引かせて、土をたがやす道具。
- くわやすき（鋤）は、人の手で土をほりおこしてたがやす道具。さまざまな形があり、田畑の土のようすや、作業によって使いわけていた。

- 耕うん機は、機械の力でたがやす道具で、手でささえて使う。
- このような耕うん機は、早くから農業の機械化が進んでいた北海道から広まった。太平洋戦争後、全国で広く使われるようになった。

すきは漢字で「犂」と書くと、牛馬に引かせるすきのことを、「鋤」と書くと、手でたがやす道具をあらわす。

昔から、春になると、牛や馬にすきをひかせたり、人がくわを使ったりして、田んぼや畑をたがやしていた。今では、機械化が進み、人が乗って運転するトラクターでたがやすようになった。

| 1970 | 1980 | 1989年 | 2000 | 2010 |

（くらしがきゅうに大きくかわったころ） | 昭和時代 | | 平成時代 |

トラクター

★……1975年ごろ トラクターが広まる

トラクターが登場

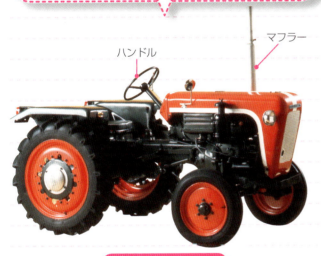

国産初のトラクター

ハンドル / マフラー

より強い力で、広い土地を短時間でたがやせるようになったんだね。

- トラクターは、後ろにすきなどをつけてたがやす機械。人が乗って運転する。
- 1950年代から外国製のトラクターが使われはじめた。1960（昭和35）年には写真の、国産初のトラクターが登場した。

よりパワフルになった

今のトラクター

いっそう便利になったけど、細かい作業はまだまだ人の手でやることも多いんだよ。

- 今のトラクターは、より広い田畑をたがやすために大型になり、パワーもましている。
- 田畑の土のようすやデコボコぐあいにあわせて、たがやし方を細かく調節できる。

田植えの道具

社会・産業

| 明治時代 | 1912年 大正時代 | 1926年 昭和時代 | 太平洋戦争 | 1950 高度経済成長期 |

人の手で植える

田植え前の田んぼ

人の手で植えていた

昔の田植えのようす

『農家耕作之図』部分

すじひき

腰をかがめての作業は、たいへんだっただろうね。

- 2、3本ずつ、人の手で、列をそろえて植えていた。
- まっすぐな列になるように、縄をはったり、すじひきという道具を使って、田んぼにあらかじめ、すじを引いておいた。
- 近所ぐるみのたいへんな作業だった。下のコラムも見よう。

！ いそがしかった田植え

右は、今から60年ほど前の小学校の教科書の絵だ。このころの田植えのようすをえがいている。

農家にとって、田植えは一年のうち、もっともたいせつな仕事だった。近所ぐるみで、一列にならんで、苗を手で植えた。学校は休みになり、子どもたちも苗を運んだり、お弁当やお茶を田んぼにとどけたりした。朝、まだ暗いうちから夜までの仕事だった。

きょうは自分の田んぼ、あすはとなりの家の田んぼというぐあいに、近所で協力して順番にやっていた。たいへんな仕事だったが、お祭りのようでもあった。

田植えの一日（大日本図書『たのしいしゃかいか2ねん』昭和30年）

田植えって、昔はほんとうにたいへんだった。人の手で苗を2、3本ずつ、まっすぐな列になるようにそろえて植えていた。とてもきめの細かい作業だったから、米づくりの作業の中でも、いちばん最後に機械化されたんだ。

| 1970 | 1980 | 1989年 | 2000 | 2010 |

(くらしがきゅうに大きくかわったころ) 　昭和時代　　　　　平成時代

機械で植える 　　　　　　　

★……1969年 田植え機が登場
★……1975年ごろ 乗って使う田植え機が登場

機械で植えるようになった

歩行型田植え機　（登場したころのもの）

きめの細かい、デリケートな作業なので、田植え機の開発には時間がかかったそうだよ。

- 田んぼの中を歩きながら、苗を植えていく機械。
- 田んぼにしずむことなく、苗をしっかり植えなければならないため、開発には高い技術がもとめられた。
- 今も、人が乗って使う田植え機が入れないような、小さな田んぼや棚田で使われている。

すばやく楽に植えられるように

最新式の乗用型田植え機

今では1秒間に何十本も植えられる機械も出てきているんだって。

- 人が乗って運転する、大きな田んぼ用の田植え機。これによって田植えの作業はさらに楽になった。
- 人が乗らなくても、自動で苗を植えてくれるものも開発されている。

米の収穫・脱穀の道具

社会・産業

| 明治時代 | 大正時代 | 昭和時代 | 太平洋戦争 | 高度経済成長期 |

1912年　1920　1926年　1930　1940　1950　196

- 人の手での収穫・脱穀
- 動力脱穀機
- 自動脱穀機

★……明治時代の終わりごろ 足踏み式脱穀機が登場
★……大正時代の終わりごろ 動力脱穀機が登場

人の手でかりとって脱穀した

のこぎり鎌 — 刃がギザギザになっている

千歯こき — 歯

足踏み式脱穀機 — 胴

機械で脱穀できるようになった

動力脱穀機
- イネのたばを入れる
- イネのもみが出てくる

（太平洋戦争前のもの）

田植えのときと同じように学校は休みになった。子どもたちも、いっしょうけんめい手つだったんじゃ。

- のこぎり鎌は、イネかり専用の鎌。これを使って、ひとたばずつ、人の手でかりとった。
- かりとったイネは、千歯こきの歯に通して引っぱり、もみ（実）をこそげ落としていた（脱穀）。
- 足踏み式脱穀機は、明治時代の終わりごろに登場。足でふんでまわし、針金が取りつけられた胴にあてて脱穀した。

脱穀の手間が、ずいぶんはぶけるようになったんだって。

- 灯油を燃やして動くエンジンにつないで脱穀する機械。
- 足踏み式脱穀機よりもずっと速く脱穀できるようになった。
- 大正時代の終わりごろに登場し、太平洋戦争の後には、より手間のかからない自動脱穀機が広まった。

コンバインとは「合体させる」という意味の英語。その名のとおり、かりとり機と脱穀機が合体した機能をもっている。

秋に実ったイネは、昔はひとたばずつ、鎌でかりとって、千歯こきで脱穀した。まずは脱穀が自動でできるようになり、太平洋戦争後に、かりとりが機械化された。今では、かりとりと脱穀がいっぺんにできるコンバインが使われている。

- ★……1965年ごろ バインダーが登場
- ★……1967年ごろ コンバインが登場

機械でかりとれるようになった

バインダー（今のもの）

腰をかがめなくてもいいから、ずいぶん楽になったのよ。

- バインダーは、自動でイネをかりとり、ひもでたばねてくれる機械。ガソリンでエンジンが動く。
- バインダーでかりとったイネは自動脱穀機で脱穀する。
- 今も、コンバインが入れないような棚田や、小さな田んぼで使われている。

かりとり機と脱穀機が合体した

コンバイン（今のもの）

田んぼを動きながら、一度に脱穀まですんでしまうんだね。

- コンバインは、かりとりから脱穀までを、その場でいっぺんにやってくれる道具。人が乗って運転する。
- 脱穀がすんだわらを細かく切ったり、たばねたりする機能もついている。

社会・産業

漁船

| 明治時代 | 大正時代 | 昭和時代 | 太平洋戦争 | 高度経済成長期 |

1912年 / 1920 / 1926年 / 1930 / 1940 / 1950 / 196

手こぎの漁船

エンジンつきの漁船（木製）

★……1907年ごろから エンジンつきの漁船が使われだす

1930年ごろから 母船式漁業がさかんになる……★

1946年ごろから 鉄製の漁船がふえはじめる……★

1948年 魚群探知機が登場……★

1950年ごろから 遠洋漁業がさかんになる……★

手こぎの船を使っていた

手こぎの漁船（模型）

櫓

エンジンつきの漁船が登場

エンジンつきの漁船（大正時代のもの）

母船式漁業の漁船

母船式とは、大きな母船を中心に、何せきかの漁船で漁をすること

1939（昭和14）年に輸入した母船

魚をとるのも船をこぐのも、みんな人の手。たいへんだっただろうなあ。

遠くの海に出かけていって、魚をとることができるようになったんじゃ。

- 人の手で櫓をこぎ、水をかいて進んでいた。漁船は木でできていた。
- 人の力に加え、風の力を帆に受けて進む漁船もあった。

- 石油を燃料に動く船。
- エンジンつきの船が登場したころから、遠くの海での漁業がさかんになった。北の海では、母船式漁業でカニやサケ・マスなどをとった。南の海ではクジラをとった。
- 母船ではとったものを冷凍したり、缶づめをつくったりした。

日本人は昔から魚を食べてきたが、2006（平成18）年にはじめて、1人が1日に食べる肉の量が、魚の量を上回った。

まわりを海にかこまれた日本は、漁業がたいへんさかんな国だ。昔から人々は手こぎの船で魚をとってきた。明治時代になってエンジンつきの船が登場し、太平洋戦争後は鉄製の船がふえた。今は強化プラスチック製の船も広く使われている。

| 1970 | 1980 | 1989年 | 2000 | 2010 |

（くらしがきゅうに大きくかわったころ）｜昭和時代｜平成時代

 エンジンつきの漁船（鉄製）

 魚群探知機

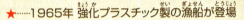

★……1965年 強化プラスチック製の漁船が登場
★……1970年ごろから 強化プラスチック製の漁船が広まる
★……1977年ごろから ほかの国の海では自由に魚がとれなくなる

鉄製の船がふえ、プラスチック船も

遠洋漁業用の大型漁船（1960年代のもの）

強化プラスチック製の漁船（今のもの）

- 太平洋戦争後から鉄製の船がふえ、大型化も進んだ。
- 戦後のきびしい食料不足をおぎなうため、漁業がさかんになり、遠くの海にいく遠洋漁業用の大型漁船もふえた。
- 40年ほど前から、ほかの国の海で自由に魚をとることができなくなり、今は近くの海での漁業がおもになっている。

- 50年ほど前から、小型の漁船を中心に、船体に強化プラスチック（FRP）が使われるようになった。じょうぶで値段が安いことから広まった。
- 今の漁船は、燃料の節約や、排気ガス中の有害物質をなるべく出さないようにするくふうが進んでいる。

魚群探知機

- 魚群探知機は、船の底にとりつけた装置から超音波を出して、魚のむれをさがす道具。1948（昭和23）年に世界ではじめて日本で売りだされた。
- 昔からベテランの漁師たちの間でいわれていた「泡が出てりゃ、必ず魚は下におる」という言葉が開発のきっかけだった。今では世界中の漁船にとりつけられるようになった。
- 今の魚群探知機は魚の大きさや数まで知ることができる。小さな魚をとらないようにすることもできるので、水産資源の保護に役立っている。

世界初の魚群探知機

今の魚群探知機

海底が砂なのか泥なのかということもわかる

木を切る道具

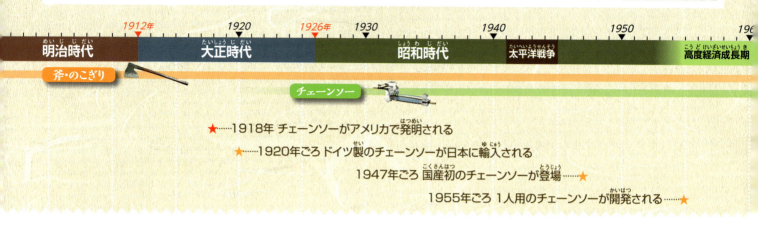

★……1918年 チェーンソーがアメリカで発明される
★……1920年ごろ ドイツ製のチェーンソーが日本に輸入される
1947年ごろ 国産初のチェーンソーが登場……★
1955年ごろ 1人用のチェーンソーが開発される……★

人の力で切っていた

斧

枝打ち鉈

両引きのこぎり

斧を木に打ちこんでたおすのは、力とコツのいるたいへんな作業だったんじゃ。

- 斧は、木の幹に打ちこんで切りたおす道具。「まさかり」ともいい、長さ1mほどもある。
- 鉈は片手で使う刃物で、枝打ち用のほか、木をけずったり、雑草をはらったりするもっと小型のものもある。
- 両引きのこぎりは、2人でかわりばんこに引きあって使う。きりたおした木の寸法をととのえるのに使った。

チェーンソーが登場した

90年前ごろのチェーンソー

今のチェーンソー

機械で切るようになって、ずいぶん便利になったんだね。

- 発明されたころのチェーンソーは、重さがおとなの体重ほどもあり、数人がかりで使う道具だった。
- 60年ほど前から、1人で使える小型のものが広まった。ただ、斧などと同じように、木が自分のほうにたおれてこないよう注意して使わなければならないことにかわりはない。

国土の大半が森におおわれた日本では、古くから木を家や家具、道具、燃料などに利用してきた。そのため、昔は木を育て、切りだす林業をする人がたくさんいた。木を切る道具はより安全に、便利になってきたが、国内の木の利用はへっている。

| 1970 | 1980 | 1989年 | 2000 | 2010 |

（くらしがきゅうに大きくかわったころ）　昭和時代　　　平成時代

ハーベスタ

★……1980年ごろ　外国製のハーベスタが使われはじめる
★……1992年ごろ　国産のハーベスタが登場

大型の機械も登場した

ハーベスタ

山奥まで道路がひらかれ、こんなに大きな機械が入っていけるようになったのね。

- より短い時間で木を切りたおせるようになった。
- 運転席から操作して、木に近づかずに作業ができるため、事故の危険がへった。
- 切った後の木材をそろえ、山から運びだすトラックにつみこむこともできる。

! 森を守るために

- 今、日本の森にはこまった問題がある。外国から安い木材が入って国内の木の利用がへり、林業がおとろえてしまった。それにともない、山ではたらく人もへり、このままでは、太平洋戦争後に植えたスギやヒノキの森が荒れてしまう。そこで森を守るため、木の利用を進めている。
- 森は木と木がこみあうと、日当たりや風通しが悪くなり、森がだめになってしまう。そのため、間伐といって、木と木のすきまをあけるため、木をまびく作業がかかせない。切った木は間伐材といわれ、レストランなどで使うわりばしや暖房の燃料に利用されている。
- さらに、木など再生可能なものを燃やして発電するバイオマス発電の取りくみも各地でおこなわれている。

間伐材でつくったわりはし
（平成24年度森林・林業白書より）

バイオマス発電
（平成22年度森林・林業白書より）

木材を運びだす道具

社会・産業

| 明治時代 | 大正時代 | 昭和時代 | 太平洋戦争 | 高度経済成長期 |

1912年　1920　1926年　1930　1940　1950　196

きんま・しゅらなど

森林鉄道

★……1909年 青森県の津軽半島に森林鉄道が登場

1960年ごろ トラックでの木材輸送がさかんになる……★

すべらせたり流したりしていた

きんま

いかだ

しゅら

『写真集　五日市の百年』より

切った木をふもとまでぶじに運ぶのは、とても危険の多い作業だったんじゃ。

- きんまは、そりに木材をのせて、斜面にそってつくられたレールの上をすべらせて運ぶ道具。
- しゅらは、斜面にそってつくられたすべり台。木材を上からすべらせて落とす。
- 川の貯木場まで運ばれると、そこでいかだに組んで人が乗り、まちまで川をくだっていった。

専用の鉄道が登場

（西裕之蔵）

森林鉄道
（長野県の小川森林鉄道、1917年ごろ）

鉄索

けわしい山の中まで鉄道をしくのは、たいへんだっただろうなあ。

- 森林鉄道は、木材を運びだす専用の鉄道。
- はじめのころは、木材をうかべて流せるような、大きな川のない地域につくられた。各地で発電用ダムがつくられるようになり、いかだが流せなくなって、森林鉄道が広まった。
- 鉄索は、太平洋戦争後に広まった。木材をケーブルカーのようにつりさげて、ふもとまで運ぶ。

昔は、きんまやしゅらのほか、冬に雪の上をすべらせて木材を運ぶこともあった。

昔は、切った木を山から川へ運び、川からはいかだを組んで、人が乗って下流のまちまでとどけた。川にダムができはじめた100年ほど前から、木を運びだす鉄道がしかれるようになり、その後は林道を走るトラックへとうつりかわった。

| 1970 | 1980 | 1989年 | 2000 | 2010 |

（くらしがきゅうに大きくかわったころ） 昭和時代　　平成時代

トラック

★……1970年ごろ 全国で大規模な林道の建設が進む
★……1975年 国内最後の森林鉄道が廃止になる

トラックへとうつりかわった

トラック
（『懐かしの記憶　檜原村写真集』より）

森林鉄道にかわって林道がつくられ、トラックが木材を運ぶ主役になったんだ。

- 50年ほど前から、木材を運びだすための道路（林道）がさかんにつくられるようになり、山奥までトラックで行き来ができるようになった。
- 1970年代には全国で、舗装された広い林道が建設された。バスなども入れるように道のはばを広げ、観光客をふやす目的もあった。

森をいかすくふう

- 今、山では木を切ったり運んだりする若い人がいない、切った木が売れないなど、さまざまな問題がある（→159ページ）。
いっぽうで、さわやかな空気や美しい景色、新緑、紅葉、温泉など、山にはさまざまな魅力がある。
- 最近は、都会の人たちに山にきてもらおうという取りくみが進んでいる。廃線になった森林鉄道を復活させて、観光客に乗ってもらおうという試みがそのひとつだ。
長野県や山形県では、復元した森林鉄道を、春から秋の観光シーズンに走らせている。気軽に山奥まで入って、渓流や森の美しい景色をまぢかに楽しめる鉄道として、人気を集めている。

復元された森林鉄道（長野県上松町）

建設機械

社会・産業

| 明治時代 | 1912年 | 大正時代 | 1926年 | 昭和時代 | 太平洋戦争 | 高度経済成長期 |

1912年　1920　1926年　1930　1940　1950　19

シャベル・もっこなど

ブルドーザー

1940年ごろ ブルドーザーが輸入される……★
1943年 国産初のブルドーザーが登場……★
1945年ごろ ヨーロッパでショベルカーが登場……★

人の力でやっていた

シャベル

玉がけ
　綱
　滑車
　丸太

もっこ

道路も建物もかんたんな道具を使って、人の力でつくってきたんじゃ。

ブルドーザーが登場した

国産初のブルドーザー

登場したころは、「均土機（土をならす機械）」とよばれていたんだって。

- 人間の力で土をほりおこしたり、ならしたりするには、シャベルやくわ（→150ページ）を使い、もっこにつんで運んだ。
- 玉がけは、丸太で組んださざえに滑車をつけ、重いものを持ちあげたり、移動させたりする。今でもクレーンを使うときに玉がけをおこなう。

- ブルドーザーは、でこぼこした土地をならしたり、土をおして運んだりする機械。
- 写真の国産初のブルドーザーは、アメリカ製のブルドーザーを手本に、太平洋戦争中につくられた。飛行場などをつくるのに使われた。

土をならしたり、ほりおこしたり、重いものをひっぱり上げたりするのを、人間にかわってやってくれる建設機械。太平洋戦争後から活躍しはじめ、今ではコンピューターが細かい作業までコントロールしてくれる機械も登場している。

```
           1970        1980       1989年      2000        2010
(くらしがきゅうに大きくかわったころ)  昭和時代              平成時代
```

 クレーンなど

- 1952年 国産初のキャタピラークレーンが登場
- 1953年 国産初のクレーン車が登場
- ★……1965年 国産初のショベルカーが登場

 コンピューター制御など

- 2008年 ハイブリッドショベルカーが登場……★
- 2013年 コンピューター制御ブルドーザーが登場……★

クレーン・ショベルカーも登場

登場したころのクレーン車

国産初のショベルカー

太平洋戦争が終わって、道路や建物がさかんにつくられるようになったころに登場したんだ。

- クレーンは、重いものをつり上げる機械。クレーンとは、英語で鳥のツルのこと。形がツルに似ているので、こう名づけられた。日本で登場したころは「起重機」とよばれていた。
- ショベルカーは、大きなつめで土をほりおこす機械。ユンボともよばれる。

コンピューターで作業してくれる

コンピューター制御ブルドーザー

ハイブリッドショベルカー

今のクレーン車

自動で作業をやってくれるものも登場しているんだね。

- コンピューターに図面のデータを入力すれば、人がその場所に運転していくだけで、決められた広さや深さに土をならしたり、ほったりしてくれるブルドーザーなども登場している。
- 電気のモーターとエンジンの2つの動力源があるハイブリッドの建設機械もあり、排気ガスの量をへらすことができる。

人工衛星（じんこうえいせい）

社会・産業

| 明治時代 | 1912年 大正時代 | 1926年 昭和時代 | 太平洋戦争 | 高度経済成長期 |

1957年 ソ連（今のロシア）が世界初の人工衛星の打ちあげに成功……★
1958年 アメリカが人工衛星の打ちあげに成功……★
1970年 日本初の人工衛星「おおすみ」の打ちあげが成功……

人工衛星が開発された

スプートニク1号 ©NASA

この人工衛星から、人類の宇宙開発がはじまったんじゃ。

- ソ連（今のロシア）がつくった。宇宙から地球へと、どのように電波がとどくのかをたしかめる目的だった。
- 直径58cm、重さ約84kgで、アルミニウムでできていた。
- このころソ連ときそいあっていたアメリカは、宇宙開発の先をこされたことに大きなショックを受けた。その後、ソ連とアメリカを中心に、はげしい開発競争がくりひろげられた。

日本初の人工衛星が登場

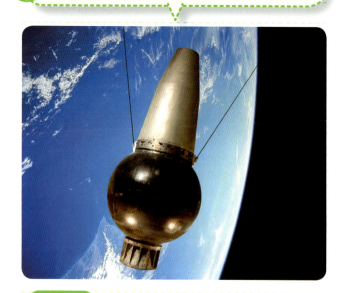

おおすみ ©Wikipedia ＊1

これで日本は、人工衛星の打ちあげに成功した4番目の国になったんだ。

- じっさいに人工衛星を打ちあげることができるかをたしかめるためにつくられた。長さ約1m、重さ約24kgだった。
- 「おおすみ」という名前は、打ちあげ場所の鹿児島県の大隅半島からとられた。
- 日本より先に打ちあげに成功したソ連、アメリカ、フランスの人工衛星はみな、ミサイルの開発とかかわりがあった。しかし、日本では兵器とは関係なく開発された。

人類の宇宙への夢は、人工衛星からはじまった。地球のまわりを回って、地上を観測したり、通信のなかだちをしたりする機器だ。60年ほど前からさまざまな衛星が打ちあげられ、今は天気予報やカーナビなど、くらしにも役立てられている。

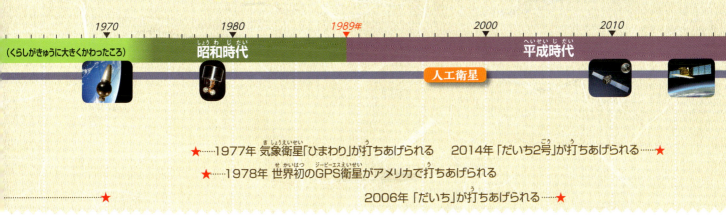

★……1977年 気象衛星「ひまわり」が打ちあげられる　2014年「だいち2号」が打ちあげられる……★
★……1978年 世界初のGPS衛星がアメリカで打ちあげられる
2006年「だいち」が打ちあげられる……★

くらしに役立つ衛星が登場

日本のGPS衛星「みちびき」

ひまわり1号 ©JAXA

天気予報やドライブにも、人工衛星が役立っているんだね。

- ひまわりは、地球上の雲のようすなどを観測する人工衛星で、天気予報などに役立てられている。2017（平成29）年までに9機が打ちあげられている。
- GPSとは、衛星から送られる信号を受信して、地球上で自分の位置を正確に知るシステム。アメリカで軍用に開発され、飛行機や船の操縦、カーナビなどにも使われるようになった。

災害を見はる衛星も活躍

だいち2号 ©JAXA

打ちあげのようす

宇宙からの目で、地球のようすを観測しているんだね。

- だいちは、地図をつくるための観測や、災害のようすを観測する人工衛星。2006（平成18）年に打ちあげられ、これにかわる「だいち2号」が、2014（平成26）年に打ちあげられた。
- だいち2号は、火山や森林火災、都市のヒートアイランド現象なども観測する。

宇宙船

| 明治時代 | 大正時代 | 昭和時代 | 太平洋戦争 | 高度経済成長期 |

1912年　1920　1926年　1930　1940　1950　196

★……1926年 アメリカで世界初のロケット実験に成功（下段を見よう）
1955年 日本でペンシルロケットの発射に成功……★
1961年 ソ連（今のロシア）が世界初の有人宇宙飛行に成功……

人類がはじめて宇宙へ

ボストーク1号　©Wikipedia ＊2
ガガーリン
打ちあげのようす

最初の宇宙飛行士となったガガーリンは、「地球は青かった」と話したんじゃ。

- 1961（昭和36）年に、ソ連（今のロシア）が、人類初の宇宙飛行に成功。宇宙船ボストーク1号をロケットで打ちあげた。
- ボストーク1号は地球の上を一周し、ぶじに地球にもどってきた。1時間48分の飛行だった。

月におりたった

月面着陸のようす
月着陸船
©NASA
アポロ11号の打ちあげ

人類がはじめて、ほかの星におりたったんだ。

- 1969（昭和44）年、アメリカの宇宙船アポロ11号が、月面への着陸に世界ではじめて成功した。
- 月におりたったアポロ11号のアームストロング船長は「ひとりの人間にとっては小さな一歩だが、人類にとっては大きな飛躍だ」という言葉をのこした。

1926（大正15）年、アメリカで、人の腕くらいのロケットが空中を2.5秒間飛んだ。これが世界初のロケットだとされる。

人類は1961（昭和36）年に、はじめて宇宙へ飛びだした。わずか8年後には月へとおりたち、さらにスペースシャトルが30年にわたって活躍した。今は交代してずっとくらせる宇宙ステーションがつくられ、さまざまな観測や実験がおこなわれている。

| 1970 | 1980 | 1989年 | 2000 | 2010 |

（くらしがきゅうに大きくかわったころ）｜昭和時代｜平成時代

宇宙船

★……1969年 アメリカが人類初の月面着陸
1981年 スペースシャトルが初の打ちあげ……★
★……1992年 毛利衛が日本人ではじめてスペースシャトルに乗る
2011年 国際宇宙ステーションが完成……★
2013年 若田光一が国際宇宙ステーションの船長をつとめる……★

何度も使える宇宙船が登場

宇宙ステーションができた

スペースシャトル
打ちあげのようす ©NASA　アトランティス号

国際宇宙ステーション　©NASA
ソユーズ

何百人もの飛行士を宇宙と往復させ、宇宙開発に大きな役割をはたしたんだ。

将来はぼくも、宇宙旅行にいくんだ！

- 宇宙に何度も行き来できるアメリカの宇宙船。1981（昭和56）年から30年間で、5機がつくられ、あわせて135回打ちあげられた。
- 人工衛星を運んだり、宇宙で実験をおこなったりした。右の国際宇宙ステーションの建設にも活躍した。
- 日本の毛利衛、向井千秋らも搭乗した。

- 国際宇宙ステーションは、最大で6人が生活できる宇宙基地。地球や天体の観測、技術開発のための実験などがおこなわれている。アメリカや日本など16か国が参加してつくられた。
- ロシアの宇宙船・ソユーズが地球との間をむすんでいる。
- 日本の若田光一は、このステーションの船長をつとめた。

ロボット

社会・産業

1912年	1920	1926年	1930	1940	1950	196
明治時代	大正時代		昭和時代	太平洋戦争		高度経済成長期

からくりじかけのロボット

ロボット開発にかかわっている人たちの中には、『鉄腕アトム』にあこがれた人も多いそうよ。

★……1928年 ロボット「学天則」が大阪で発明される
1951年 手塚治虫の漫画『鉄腕アトム』が登場……★
1961年 世界初の産業用ロボットがアメリカで登場

日本の **ロボットの先祖** が登場

学天則（復元されたもの）

この「学天則」は、アジアではじめてのロボットといわれているんじゃ。

- 空気の力で表情が動き、文字を書くロボット。なにかひらめくと、左手に持ったあかりが光る。
- 開発したのは生物学者の西村真琴。名前には「天則（自然界・宇宙の法則）を学ぶ」という意味をこめたという。
- 今は、復元された学天則が大阪市立科学館で展示されている。復元されたものはコンピューターで制御されている。

はたらくロボット が登場

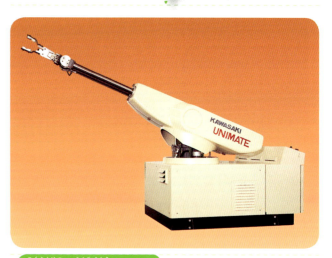

国産初の産業用ロボット

今やロボットのたすけなしには、自動車や家電製品などをつくることはできないんだよ。

- 産業用ロボットは、工場での組み立てなど、力のいるくりかえしの作業や、危険な作業を、人間のかわりにやってくれる。
- 写真のロボットは1969（昭和44）年に登場。自動車工場で、金属を溶かしてくっつける危険な溶接作業に使われた。
- その後、日本では産業用ロボットの開発が進み、今や産業用ロボットの世界一の生産国となっている。

 ロボットという言葉は、1920（大正9）年にチェコの作家チャペックが生みだした。「労働」を意味するチェコ語がもとだ。

人間のかわりにはたらいてくれたり、人間と同じように行動したりするロボットを生みだすのは人類の夢だった。まずは危険な作業をかわりにやってくれるロボットの開発が進み、今は人をいやしてくれるロボットも次々に生みだされている。

	1970	1980	1989年	2000	2010
(くらしがきゅうに大きくかわったころ)		昭和時代		平成時代	

産業用ロボット ／ 二足歩行ロボット ／ いやしロボット

★……1969年 国産初の産業用ロボットが登場
2000年 世界初の本格的な二足歩行ロボットASIMOが登場……★ 2014年 ペッパーが開発される……★
災害用ロボット「援竜」が登場　　　　　　　　　　介護用ロボットスーツが登場
2002年 パロが「世界一のいやしロボット」としてギネス世界記録に認定される……★

二足歩行のロボットが登場

ASIMO（今のもの）

ロボットを人間のように歩かせるには、たいへん高度な技術が必要なんだそうだよ。

- 二足歩行ができるロボット。親しみやすく、家庭で役に立つロボットをめざして生みだされた。
- 30年ほど前に開発がはじまったが、そのころは一歩ふみだすのに30秒ほどかかっていたという。
- 今は、握手やけんけん、ジャンプ、飲み物をそそいだり、手話をしたりといった複雑な動きができるようになった。

災害用やいやしなどさまざまに

パロ／ペッパー／援竜／HAL

© (独) 産業技術総合研究所

人の心によりそったり、危険な場所で作業をしてくれたりするんだね。

- パロは声をかけたり、なでたりすると、体を動かしたり、鳴いたりして反応する。ペッパーは人の表情から感情を読みとって、いっしょに喜んだり、はげましてくれたりする。
- 援竜は、おもに危険な災害現場で活動するロボット。
- HALは、介護する人を手だすけするロボットスーツ。介護する人の動きを感知して、楽に作業ができるようにする。

重さや長さの単位

道具がうつりかわるいっぽうで、物の長さや広さ（面積）、かさ（体積）、重さなどの単位もうつりかわった。昔の単位は尺貫法、今の単位はメートル法といい、尺貫法からメートル法に完全にかわったのは、1966（昭和41）年のことだ。

かさ（容積）

博士、なぜお米のかさをはかるとき「合」っていうの？

それは、よい質問じゃな。1合は、1人の人間が1回に食べるお米のおおよその量なんじゃ。

10合が1升、10升で1斗、そして10斗を1石といい、1人の人間が1年間に食べるお米の量とされていたんじゃ。

五合枡 / **一合枡**

枡 お米や豆、お酒などのかさをはかるときに使う

重さ

じゃあ、重さはなにがもとになった単位なの？

昔の重さの単位の基本は「匁」なんじゃ。昔の中国のお金の重さがもとじゃ。1000匁を「貫」といって、体重などは貫ではかったのう。

開元通宝 重さのもとになった中国の昔のお金。3.75gある

五円玉 重さは3.75g

一円玉 重さは1g

この長さが長くなるほど、重い

分銅

つりあう長さと分銅の重さで、つりさげたものの重さがわかる

竿秤 重さをはかる道具として多く使われた。シーソーと同じしくみではかる

11月1日は「計量記念日」に定められている。計量は「はかる」という意味だ。

長さ

長さはどうだったの？今はcmやmだけど。

昔の長さの単位に尺がある。もともとは、親指と中指のはばをいったんだそうだが、時代がたつうちに長くなって、明治時代には1尺が30.3cmになった。

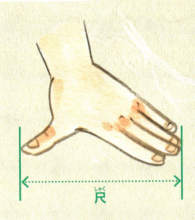

ほかに「武」と「歩」というのがあった。1歩分のはばが「武」で、2歩分が「歩」にあたり、「1歩」は135cmにあたる。土地の測量などに使われていた単位だ。

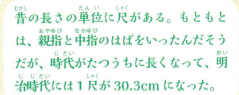

面積

今でも部屋の広さをしめすのに、なん畳敷きっていうね。たたみ（畳）2枚分で、昔の人がゆったり両手をのばして、大の字になれるサイズなんだそうだね。

昔の人は平均身長が5尺（約150cm）くらいだった。それに1尺（約30cm）のゆとりをとって、たたみやふすまなどの寸法を6尺（約180cm）とした。

昔と今のおもな単位の表

長さ		広さ（面積）		かさ（容積）		重さ	
昔	今	昔	今	昔	今	昔	今
1寸	3.03cm	1坪	3.3㎡	1合	0.18ℓ	1匁	3.75g
1尺	30.3cm	1畝(30坪)	99.17㎡	1升(10合)	1.8ℓ	1斤(160匁)	600g
1間(6尺)	181.8cm	1反(10畝)	991.7㎡	1斗(10升)	18ℓ	1貫(1000匁)	3.75kg
1町(60間)	109.09m	1町(10反)	9917㎡	1石(10斗)	180ℓ		
1里(36町)	3.9273km						

さくいん

【あ】

アイロン	48-49
赤バイ	138
足踏み式脱穀機	154
足踏み式ミシン	50
ASIMO	169
圧力鍋	15
アポロ11号	166
アルマイト加工	14
アルミニウム	14、16、20、34、36
あんどん	44
いかだ	160
石臼	104
いす	96-97
井戸	42
いろり	14、18、64
ウォークマン	84
薄型テレビ	113
打ち水	62
うちわ	62
腕時計	88-89
上ばき	78
エアコン	63、65
映写機	82
液状のり	93
エジソン	44、84
SD/USB/CDラジオ	111
枝打ち鉈	158
LED信号機	127
LED電球	45、141
えんぴつ	90
えんぴつけずり	94-95
遠洋漁業	157
おおすみ(人工衛星)	164
オートフォーカスカメラ	81
オーブンレンジ	21
お玉	40-41
お手玉	100
斧	158
おはじき	100
折りたたみがさ	71
温水洗浄便座	61

【か】

介護用ベッド	69
介護用ロボット	169
改札	124-125
懐中電灯	46-47
懐中時計	88
街灯	140-141
街頭テレビ	112
買い物かご	144
懐炉	66-67
懐炉灰	66
ガガーリン	166
化学消防車	137
学天則	168
かさ	70-71
ガスコンロ	19
ガス自動炊飯器	12
ガスストーブ	64
ガス灯	140
カセットテープレコーダー	84
学校専用電卓	87
かまど	12
紙袋	144
亀の子たわし	26
カメラ	80-81
カラーテレビ	113
カラーフィルム	80
軽石	58
缶	32
貫(単位)	170-171
缶ジュース	32
がんどう	46
関東大震災	6
間伐材	159
乾板	80
機械式計算機	86
給食	38-39
救助車	137
牛乳パック	33
牛乳びん	32
経木	144
共用栓	42
魚群探知機	157
漁船	156-157
切り出し小刀	94
きんま	160
クーラー	63
クオーツ腕時計	89
くつ	78-79
くみ取り式(トイレ)	60
グリルつきガスコンロ	19
クレーン車	163
クレパス	90
黒電話	108
くわ	150
蛍光灯	45、141
蛍光ペン	91
携帯電話	109
携帯用ゲーム機	103
げた	78
けん玉	100
合(単位)	170-171
耕うん機	150
鉱石ラジオ	110
高度経済成長期	7、8-9
こうもりがさ	70
こえたご	60
五右衛門風呂	56
コードレスアイロン	49
コードレス掃除機	55
氷冷蔵庫	22
国際宇宙ステーション	167
黒板	98-99

こて………………………………48	蒸気機関車…………………118	せいろう……………………20
子ども用スマホ……………103	蒸気船………………………134	赤外線式体温計……………73
こま回し……………………100	蒸気ポンプ…………………136	石炭ストーブ………………64
ごみ箱…………………142-143	浄水場…………………………43	石油ストーブ………………65
ゴム短…………………………78	消防自動車………………136-137	石油ファンヒーター………65
ゴムとび……………………100	消防ヘリコプター…………137	石油ランプ…………………44
コンコルド…………………133	食器洗い機……………………27	石けん…………………………58
コンテナ船…………………135	ショベルカー………………163	接着剤…………………………93
コンバイン…………………155	白黒テレビ…………………112	セメダイン……………………93
コンピューターミシン……51	白バイ……………………138-139	セロハンテープ………………93
	新幹線……………………122-123	洗顔フォーム…………………59
【さ】	真空管ラジオ………………110	全自動乾燥洗濯機……………53
災害用ロボット……………169	人工衛星…………………164-165	せんす…………………………62
裁縫箱…………………………50	信号機……………………126-127	洗濯板…………………………52
サインペン……………………91	人力車………………………116	洗濯機……………………52-53
竿秤……………………………170	森林鉄道…………………160-161	千歯こき……………………154
魚焼き網………………………19	Suica……………………125、149	扇風機…………………………62
先割れスプーン………………39	水銀体温計……………………72	掃除機……………………54-55
さしみ包丁……………………24	水銀灯………………………141	ぞうり…………………………78
産業用ロボット……………168	水彩絵の具……………………91	ソファベッド…………………69
三徳包丁………………………25	水洗式トイレ…………………61	ソユーズ……………………167
三輪トラック………………131	水筒………………………34-35	そろばん………………………86
CDプレーヤー………………85	水道………………………42-43	
GPS衛星……………………165	すき…………………………150	【た】
ジェット機…………………133	スケートボード……………102	体温計……………………72-73
資源ごみ……………………143	すじひき……………………152	体脂肪計つき体重計…………75
七輪……………………………18	すだれ…………………………62	体重計……………………74-75
自転車……………………114-115	スチールウール………………27	体組成計つき体重計…………75
自動改札機…………………125	ズック………………………78-79	だいち2号（人工衛星）……165
自動券売機…………………124	ステイオンタブ………………32	ダイニングキッチン…………29
自動車………………………116-117	スティックのり………………93	台はかり………………………74
自動販売機（飲み物）……148-149	ステレオセット………………84	大八車………………………130
シャープペンシル……………90	ステンレス魔法びんの水筒…35	太平洋戦争……………………6
尺(単位)……………………171	ストーブ…………………64-65	田植え……………………152-153
しゃくし………………………40	スプートニク1号……………164	田植え機……………………153
蛇の目がさ……………………70	スペースシャトル…………167	タオル…………………………59
しゃもじ…………………40-41	スポーツシューズ……………79	高柳健次郎…………………112
シャンプー……………………59	スポンジ………………………27	竹馬…………………………100
ジャンボジェット…………133	スマートフォン……………109	竹筒……………………………34
充電式懐炉……………………67	炭ごたつ………………………64	竹の皮……………………36、144
手動式えんぴつけずり………95	炭火アイロン…………………48	たこあげ……………………100
しゅら………………………160	スライサー……………………25	脱穀機……………………154-155
瞬間接着剤……………………93	寸(単位)……………………171	タッパーウェア………………30

たらい	52	
たる	30	
たわし	26	
タンカー	135	
チェーンソー	158	
地下鉄	121	
蓄音機	84	
地上デジタル放送	113	
ちゃぶ台	28	
中華鍋	15	
チューブのり	92	
ちょうちん	46	
超電導リニア	123	
帳場	146	
調理用はさみ	25	
チョロQ	102	
ちりとり	54	
チンチン電車	120	
使い捨て懐炉	67	
机	96-97	
つぼ	30	
つや消し電球	44	
つるべ井戸	42	
ディーゼル機関車	119	
ディーゼル船	135	
テーブル	29	
デジタルオーディオプレーヤー	85	
デジタルカメラ	81	
デジタルビデオカメラ	83	
デジタル表示式の腕時計	89	
鉄索	160	
鉄鍋	14	
鉄瓶	16	
鉄砲風呂	56	
手ぬぐい	58	
出刃包丁	24	
手回し式懐中電灯	47	
手回し式ミシン	50	
寺子屋	96、98	
テレビ	112-113	
電気アイロン	49	
電気機関車	119	
電気ケトル	17	

電気自動炊飯器	12	
電気ストーブ	64	
電気ポット	17	
電球	44-45	
電子黒板	99	
電子体温計	73	
電車	120-121	
電子レンジ	21	
電卓	87	
電動式えんぴつけずり	95	
電動アシスト自転車	115	
電動歯ブラシ	77	
電動ミシン	51	
電波腕時計	89	
電話	108-109	
電話交換手	108	
トイレ	60-61	
東京オリンピック	7、113	
動力脱穀機	154	
特殊災害対策車	137	
時計	88-89	
特急	122	
土鍋	14	
トラクター	151	
トラック	130-131、161	
トランジスタラジオ	111	

【な】

菜切り包丁	24	
鍋	14-15	
鍋しき	14	
にかわ	92	
二槽式洗濯機	53	
二宮忠八	132	
荷馬車	130	
ぬか袋	58	
燃料電池車	117	
のこぎり鎌	154	
のり	92-93	
乗合馬車	128	
ノンステップバス	129	

【は】

ハーベスタ	159	
バイオマス発電	159	
蠅帳	31	
ハイブリッド車	117	
ハイブリッドバス	129	
バインダー	155	
羽釜	12、20	
バキュームカー	60	
ハクキンカイロ	66	
白熱電球	44,140	
箱膳	28	
はしご車	136-137	
馬車	116	
バス	128-129	
はたき	54	
8ミリビデオカメラ	83	
8ミリフィルムカメラ	82	
パッカー車	143	
パトカー	139	
歯ブラシ	76-77	
歯みがき剤	76-77	
バランス釜	57	
針供養	104	
番がさ	70	
阪神・淡路大震災	7	
ピーラー	25	
ビールびん	32	
東日本大震災	7	
飛行機	132-133	
肥後守	94	
ビデオカメラ	83-84	
火のし	48	
火鉢	64	
ひまわり(人工衛星)	165	
ヒョウタン	34,40	
びん	32	
ファミリーコンピュータ	102	
ファンルーム	103	
フィッシュロースター	19	
フードプロセッサー	25	

富国強兵 …………… 6	【ま】	ランチジャー …………… 37
房ようじ …………… 76	マイバッグ …………… 145	リカちゃん …………… 102
プッシュホン …………… 108	マウンテンバイク …………… 115	リニア …………… 121、123
フッ素樹脂加工の鍋 …………… 15	まぐわ …………… 150	リビングダイニング …………… 29
筆塚 …………… 104	マジックインキ …………… 91	龍吐水 …………… 136
ふとん …………… 68	枡 …………… 170	両引きのこぎり …………… 158
船 …………… 134-135	魔法びんの水筒 …………… 35	リンス …………… 59
フライパン …………… 15	みがき砂 …………… 76	林道 …………… 161
フラフープ …………… 101	ミシン …………… 50-51	ルービックキューブ …………… 102
プラモデル …………… 101	水がめ …………… 42	冷蔵庫 …………… 22-23
フリーザーバッグ …………… 31	みちびき（人工衛星） …………… 165	レーシングカー …………… 101
ブルドーザー …………… 162-163	三菱リージョナルジェット …………… 133	レコード …………… 84
風呂 …………… 56-57	ミルクのみ人形 …………… 101	レゴブロック …………… 102
プロペラ機 …………… 132	むしろ …………… 68	レジスター …………… 146-147
ベーゴマ …………… 100	無人運転電車 …………… 121	レジ袋 …………… 145
弁才船 …………… 134	飯かご …………… 31	レンズつきフィルム …………… 81
ヘチマ …………… 58	飯びつ …………… 13	ロードバイク …………… 115
ベッド …………… 69	めんこ …………… 100	ロケット …………… 166-167
ペットボトル …………… 33	めんぱ …………… 36	ロボット …………… 168-169
弁当行李 …………… 36	木炭バス …………… 128	ロボット掃除機 …………… 55
弁当箱 …………… 36-37	木工用ボンド …………… 93	路面電車 …………… 120
ほうき …………… 54	モバイルSuica …………… 125	
包丁 …………… 24-25	匁（単位） …………… 170-171	【わ】
ボーイング787 …………… 133		YS-11 …………… 132
ボールペン …………… 90	【や】	和がさ …………… 70
保温機能つき電気ポット …………… 17	やかん …………… 16	和式（便器） …………… 60
保温式炊飯器 …………… 13	野球盤 …………… 101	ワンタッチがさ …………… 71
北陸新幹線 …………… 123	郵便番号自動読取区分機 …………… 107	ワンマンバス …………… 129
ポケットシャープナー …………… 95	郵便ポスト …………… 106-107	
POSシステム …………… 147	床暖房 …………… 65	
ポスト …………… 106-107	洋がさ …………… 70	
ボストーク1号 …………… 166	洋式トイレ …………… 61	
母船式漁業 …………… 156	洋包丁 …………… 24	
ボックス型ラジオ …………… 110	夜着 …………… 68	
ホッピング …………… 101		
ボディシャンプー …………… 59	【ら】	
ポリバケツ …………… 143	ライト兄弟 …………… 132	
ポリ袋 …………… 143	ラジオ …………… 110-111	
ホワイトボード …………… 99	ラジオつき懐中電灯 …………… 47	
ポンプ井戸 …………… 42	ラジカセ …………… 111	
ポンプ車 …………… 136	ラップ …………… 31	
	ラムネびん …………… 32	

【監修】
三浦 基弘（みうら・もとひろ）　産業教育研究連盟副委員長・大東文化大学元講師

1943年、北海道旭川市生まれ。東北大学、東京都立大学で土木工学を学ぶ。専門は構造力学。東京都立小石川工業高校、東京都立田無工業高校、東京学藝大学、大東文化大学などで教鞭をとる。傍ら、NHK教育テレビ「高校の科学　物理」「エネルギーの科学」の講師、月刊雑誌「技術教室」（農山漁村文化協会）編集長などを歴任。
著書に『物理の学校』（東京図書）、『科学ズームイン』（民衆社）、『東京の地下探検旅行』（筑摩書房）、『イラスト版修理のこつ──子どもとマスターする54の生活技術』（編者　合同出版）、『光弾性実験構造解析』（共著　日刊工業新聞社）、『日本土木史総合年表』（共著　東京堂出版）、『世界の橋大研究』（監修　PHP研究所）、『身近なモノ事始め事典』（東京堂出版）、『算数・数学用語辞典』（共著　東京堂出版）、『算数・数学活用事典』（共著　日本評論社）などがある。

- ●イラスト　　　岡田潤
- ●撮影　　　　　小澤正朗・大角修・田中和弘・松井寛泰
- ●デザイン　　　倉科明敏［T.デザイン室］
- ●DTP　　　　 栗本順史［明昌堂］
- ●企画・編集　　伊藤素樹・渡部のり子・渡邊航［小峰書店］／大角修・佐藤修久［地人館］／太田美枝［ミエズオフィス］
- ●引用教科書　　社会科教育研究会著『たのしいしゃかいか　2ねん』大日本図書

昔の道具　うつりかわり事典　　NDC383 175p 29cm

2015年1月10日　第1刷発行　　2021年2月20日　第8刷発行

監修者	三浦基弘
発行者	小峰広一郎
発行所	株式会社小峰書店　〒162-0066 東京都新宿区市谷台町4-15
	電話／03-3357-3521　　FAX／03-3357-1027　　https://www.komineshoten.co.jp/
組　版	株式会社明昌堂
印刷・製本	図書印刷株式会社

©2015 Komineshoten Printed in Japan　　ISBN978-4-338-08158-0
乱丁・落丁本はお取り替えいたします。
＊写真の所蔵者について、一部判明しないものがありました。お心あたりの方は小社までご連絡ください。
＊本書の無断での複写（コピー）、上演、放送等の二次利用、翻案等は、著作権法上の例外を除き禁じられています。本書の電子データ化などの無断複製は著作権法上の例外を除き禁じられています。代行業者等の第三者による本書の電子的複製も認められておりません。

【写真・取材協力】

株式会社アーバン・コミュニケーションズ／アカオアルミ株式会社／あきる野市／アキレス株式会社／上松町観光協会／旭化成ホームプロダクツ株式会社／朝日新聞フォトアーカイブ／株式会社アジア工芸／株式会社アセント／足立区立郷土博物館／株式会社安達留姫糊商店／荒川区立荒川ふるさと文化館／イオン株式会社／板橋区みどりと公園課／伊藤賦樹／岩崎電気株式会社／イワノジ工業株式会社／独立行政法人宇宙航空研究開発機構／株式会社雲州堂／株式会社NTTドコモ／NTT東日本 情報通信史料センタ／株式会社エバニュー／株式会社エポック社／大阪市交通局／大阪市立科学館／大阪市立住まい情報センター／大津市歴史博物館／株式会社オーム電機／オーロラ株式会社／小野田滋／カール事務器株式会社／貝印株式会社／独立行政法人海上技術安全研究所／一般社団法人海洋水産システム協会／化工株式会社／カシオ計算機株式会社／株式会社学校食育研究会／神奈川中央交通株式会社／川崎市環境局／川崎重工業株式会社／菊正宗酒造株式会社／木村家所蔵・横浜開港資料館保管／京都市交通局／京都市消防局／桐灰化学株式会社／キリン株式会社／株式会社クボタ／京王電鉄バス株式会社／警察博物館／警視庁／KIホールディングス株式会社／鴻池新田会所／神戸新交通株式会社／小金井神社／国立国会図書館／小平ふるさと村／コニカミノルタ株式会社／コニシ株式会社／株式会社小松製作所／株式会社コロナ／CYBERDYNE株式会社／栄村振興公社／株式会社サクラクレパス／さぬき市歴史民俗資料館／独立行政法人産業技術総合研究所／株式会社JR東日本ウォータービジネス／株式会社JVCケンウッド／静岡大学高柳記念未来技術創造館／自転車博物館サイクルセンター／シャープ株式会社／蛇の目ミシン工業株式会社／ジャパン マリンユナイテッド株式会社／株式会社商船三井／消防博物館／新宿歴史博物館／須恵町立歴史民俗資料館／Stock.foto／株式会社スチール／スリーエムジャパン株式会社／セイコーウオッチ株式会社／セーラー万年筆株式会社／セメダイン株式会社／一般社団法人全国清涼飲料工業会／浅草寺／象印マホービン株式会社／ソニー株式会社／株式会社ソニー・コンピュータエンタテインメント／ソフトバンクモバイル株式会社／株式会社タイガー／ダイハツ工業株式会社／株式会社タカラトミー／株式会社タダノ／館山市立博物館分館渚の博物館／株式会社タニタ／千葉県立中央博物館大利根分館／千葉県立房総のむら／千葉交通株式会社／株式会社ディーアンドエムホールディングス／鉄道博物館／株式会社テムザック／寺西化学工業株式会社／テルモ株式会社／東亞合成株式会社／東海旅客鉄道株式会社／東京ガス ガスミュージアム／東京消防庁／東京地下鉄株式会社／東京都／東京都水道局／東京都水道歴史館／株式会社東芝／東芝エルイートレーディング株式会社／東芝未来科学館／東芝ライフスタイル株式会社／TOTO歴史資料館／有限会社富田屋産業／トヨタ自動車株式会社／トヨタ博物館／株式会社トンボ鉛筆／永尾かね駒製作所／NASA／西日本旅客鉄道株式会社／西裕之／ニチバン／日本NCR株式会社／日本カメラ博物館／日本貨物鉄道株式会社／日本航空株式会社／日本コカ・コーラ株式会社／日本信号株式会社／独立行政法人日本スポーツ振興センター／日本タッパーウェア株式会社／日本テトラパック株式会社／日本橋木屋／公益社団法人日本バス協会／日本郵便株式会社／任天堂株式会社／農林水産省農林水産技術会議事務局／パイオニア株式会社／ハクキンカイロ株式会社／パナソニック株式会社／株式会社ハナヤマ／阪急電鉄株式会社／株式会社バンダイ／東日本旅客鉄道株式会社／PIXTA／飛行神社／日立アプライアンス株式会社／日立建機株式会社／日野自動車株式会社／檜原村郷土資料館／株式会社日吉屋／深川江戸資料館／藤岡宏／富士フイルム株式会社／フランスベッドホールディングス株式会社／古野電気株式会社／株式会社ブレインズ・カンパニー／プロクター・アンド・ギャンブル・ジャパン株式会社／豊後高田市観光まちづくり株式会社／ぺんてる株式会社／北陸アルミニウム株式会社／ホシザキ電機株式会社／本田技研工業株式会社／本法寺／毎日新聞社／株式会社増田屋コーポレーション／松戸市立博物館／マブチモーター株式会社／株式会社マルサン／みくに龍翔館／株式会社三越伊勢丹ホールディングス／三菱電機株式会社／三菱鉛筆株式会社／三菱航空機株式会社／三原機工株式会社／三原市教育委員会／株式会社ミヤタサイクル／株式会社ムーンスター／株式会社明治／株式会社メガハウス／森永乳業株式会社／山形県立博物館／ヤマト株式会社／ヤマト運輸株式会社／ヤマハ発動機株式会社／株式会社やまびこ／ヤンマー株式会社／郵政博物館／雪印メグミルク株式会社／横浜開港資料館所蔵／読売ニュース写真センター／ライオン株式会社／株式会社LIXIL／リンナイ株式会社／林野庁／レゴジャパン株式会社／株式会社ロッテ

※ p.164「おおすみ」の写真：
Ohsumi satellite in orbit. Satellite image modified from https://commons.wikimedia.org/wiki/File:Ohsumi_Artificial_Satellite.jpg. Background is NASA image http://eol.jsc.nasa.gov/sseop/images/ISD/highres/STS106/STS106-719-28.jpg in the public domain.
※ p.166「ボストーク1号」の写真：
photo taken and edited by de-Benutzer-HPH on "Russia in Space" exhibition（Airport of Frankfurt, Germany, 2002）

【取材協力】

一般社団法人軽金属製品協会／警察庁／経済産業省

【おもな参考文献】

大島建彦監修、大角修文『昔のくらしと道具(全6巻)』(小峰書店)／宮田利幸監修『日本人の20世紀 くらしのうつりかわり(全10巻)』(小峰書店)／芳賀日出男・須藤功著『日本各地の伝統的なくらし(全7巻)』(小峰書店)／三浦基弘著『身近なモノ事始め事典』(東京堂出版)／小林克監修『昔のくらしの道具事典』(岩崎書店)／本間昇監修『昔の子どものくらし事典』(岩崎書店)／工藤員功監修『昔の道具(ポプラディア情報館)』(ポプラ社)／鎌田和宏監修『昔のくらし・道具(絵でわかる社会科事典)』(学研教育出版)／小泉和子監修『明治・大正・昭和に活躍！ 昔の道具大図鑑 石油ランプからベーゴマまで』(PHP研究所)／佐藤能丸・滝澤民雄監修『日本の生活 100年の記録(全7巻)』(ポプラ社)／山口昌男監修『まるごとわかる「モノ」のはじまり百科(全5巻)』(日本図書センター)／新田太郎監修『くらべてみよう！昭和のくらし(全5巻)』(学研教育出版)／本間昇編著・小西聖一著『20世紀から21世紀へ くらべてみよう100年前と(全5巻)』(岩崎書店)／日刊工業新聞社MOOK編集部編『身近なモノの履歴書を知る事典―「モノづくり」誕生物語 アイスクリームからワンマンバスまで』(日刊工業新聞社)／『江戸のごみ・東京のごみ―杉並から見た廃棄物処理の社会史』(杉並区立郷土博物館)

道具のうつりかわり年表

時代		年	くらしと道具	おもなできごと
	18	1943	国産初のブルドーザーが登場	学徒出陣がはじまる。学生が戦場におくられる
	19	1944	学校給食が中止される	学童疎開がはじまる／東南海地震がおこる
	20	1945	宝くじが登場	広島・長崎に原子爆弾がおとされる／太平洋戦争が終わる
	21	1946	このころから鉄製の漁船がふえはじめる／学校給食が再開される	戦後初の総選挙がおこなわれる
	22	1947	このころ国産のチェーンソーが登場	日本国憲法が施行される
	23	1948	魚群探知機が登場／国産のボールペンが登場	福井大地震がおこる
	24	1949	お年玉くじつき年賀はがきが登場／化学消防車が登場	湯川秀樹がノーベル賞を受賞
	25	1950	パトカーが登場／都市部で完全給食がはじまる	朝鮮戦争がはじまる
	26	1951	国産のナイロン毛の歯ブラシが登場／グリルつきガスコンロが登場／バキュームカーが登場	
	27	1952	国産のクーラーが登場／チューブのりが登場／イギリスでジェット旅客機が登場	アメリカが水爆実験をおこなう
	28	1953	国産のテレビが登場／マジックインキが登場	テレビ放送がはじまる／朝鮮戦争が終わる
	29	1954	スチームアイロンが登場／国産初の缶ジュースが登場／ミルク飲み人形が登場	自衛隊がおかれる
	30	1955	電気自動炊飯器が登場／トランジスタラジオが登場／国産の石油ストーブが登場	日本でロケットの発射実験に成功
	31	1956	三角の牛乳パックが登場／アメリカでコンテナ船が登場	水俣病患者が熊本県ではじめて確認される
	32	1957	ガス自動炊飯器が登場／電気ポットが登場／国産の飲み物の自動販売機が登場／木工用ボンドが登場	ソ連(今のロシア)が人工衛星の打ちあげに成功
	33	1958	フラフープがはやる／電車特急が登場	東京タワーが完成
昭和	34	1959	先割れスプーンが登場／家庭用の体重計が登場	皇太子(今の天皇)が結婚／伊勢湾台風がおこる
	35	1960	カラーテレビが登場／二槽式洗濯機が登場／保温式炊飯器が登場	テレビのカラー放送がはじまる／ベトナム戦争がおこる
	36	1961	国産のエアコンが登場／家庭用の電動ミシンが登場	ソ連(今のロシア)が初の有人宇宙飛行を成功させる
	37	1962	電子レンジの量産がはじまる／びん飲料の自動販売機が登場	戦後初の国産旅客機YS-11が開発される
	38	1963	2ドア式冷蔵庫が登場／サインペンが登場	日本初の高速道路(名神高速道路)の一部が開通する
	39	1964	カセットテープレコーダーが登場／電卓が登場／屋根型の牛乳パックが登場	東海道新幹線が開通／東京オリンピックがひらかれる
	40	1965	国産のショベルカーが登場	アメリカがベトナム戦争に介入する
	41	1966	ホワイトボードが登場	イギリスのロックバンド・ビートルズが来日
	42	1967	自動改札機が大阪に登場／消防ヘリコプターが登場／リカちゃん人形が登場	日本の人口が1億人をこえる
	43	1968	このころコンバインが登場／ラジカセが登場	郵便番号制(5けた)がはじまる
	44	1969	クオーツ腕時計が登場／国産初の産業用ロボットが登場	アメリカの宇宙船アポロ11号が月におりたつ
	45	1970	日本初の人工衛星「おおすみ」が打ちあげられる／缶飲料の自動販売機が登場	日本万国博覧会(大阪万博)がひらかれる
	46	1971	電子レジスターが登場／スティックのりが登場	マクドナルドの日本1号店が東京に開店
	47	1972		沖縄が日本に復帰する／札幌冬季オリンピックがひらかれる
	48	1973	「ごきぶりホイホイ」が登場	第一次オイルショックがおこる
	49	1974	蛍光ペンが登場	コンビニエンスストアが東京に登場
	50	1975	高層ビル向けの消防はしご車が広まりだす／国内最後の森林鉄道が廃止される	山陽新幹線が全通／アメリカでデジタルカメラが開発される
	51	1976	コールド・ホット両方の飲み物用の自動販売機が登場	ロッキード事件で田中角栄前首相が逮捕される
	52	1977	オートフォーカスカメラが登場／気象衛星「ひまわり」が打ちあげられる	このころから外国の海で自由に魚をとることができなくなる